PAULA FRAGT:

WARUM MÜSSEN MENSCHEN STERBEN?

Top Life Center

Originaltitel: Margie asks why do people have to die?
© 1963, 1999 by Review and Herald® Publishing Association
All Rights Reserved

Projektleitung: Franz Mössner
Übersetzung: Monika Ramskogler
Lektorat: Pierre Intering
Korrektorat: Hans Matschek
Cover, Illustration & Satz: Simon Eitzenberger, www.desim.de
Titelseite: Hintergrund – © istockphoto.com, simonox ;

© Copyright 2012 der deutschsprachigen Ausgabe
Top Life Wegweiser-Verlag GmbH, Wien
1210 Wien, Prager Straße 287
Internet: www.toplife-center.com
E-mail: info@toplife-center.com

Verlagsarchiv-Nr.: 121212
ISBN: 978-3-900160-84-5

PAULA FRAGT:

WARUM MÜSSEN MENSCHEN STERBEN?

EINE GESCHICHTE
ÜBER DEN URSPRUNG
DER SÜNDE
UND WIE GOTT DARAUF
ANTWORTET.

LAURA ROCKE WINN

INHALTSVERZEICHNIS

Vorwort zur deutschen Ausgabe

Das vorliegende Buch ist in mehrfacher Hinsicht etwas Besonderes. Nicht nur das Thema, sondern auch der Stil hebt sich von anderen Werken ab. Deshalb soll dieses Vorwort ein kleiner Leitfaden sein, damit man sich mit der Erzählung von Laura Rock Winn gewinnbringend auseinanderzusetzen kann.

Damit ist auch schon ein entscheidender Punkt angesprochen. *„Paula fragt: Warum müssen Menschen sterben?"* ist nicht ein Buch, das schnell durchgelesen wird, um im Regal neben anderen Kinderbüchern eingereiht zu werden. Allein die Frage von Paula lässt schon eine Tiefe erahnen. Es geht hier um Themen, über die schon seit ewigen Zeiten Philosophen, Theologen und viele andere Menschen grübeln: Woher kommt das Leben? Warum gibt es Not, Leid und die vielen grausamen Ungerechtigkeiten, wenn es doch einen allmächtigen Gott gibt? Warum lässt er zu, dass Menschen sterben und alles einem Ende zugeht? Kinder mit diesen Fragen alleine zu lassen würde sie überfordern. Deshalb empfehlen wir Eltern, gemeinsam mit ihren Kindern dieses Buch zu lesen.

Bis zum 11. Kapitel ist das Buch eine eher lockere, kindliche Erzählung, in der Paula mit ihrem jüngeren Bruder Lucas einige Dinge erlebt, die im Alltag so geschehen. Schon da wird aber klar, dass sich besonders Paula viele Gedanken über das macht, was sie erlebt und auch Fragen stellt, die so manchen Erwachsenen leicht überfordern können. In diesem Fall gibt es aber eine verständnisvolle Familie, die auf Paulas Fragen eingeht. In ganz besonderer Weise greift aber Tante Traude etwas später die Fragen Paulas auf. Sie nimmt sich für ihre umfassende Antwort jeden Abend Zeit und erzählt den Kindern vom Ursprung des Lebens und besonders davon, wie das Böse entstehen und sich entwickeln konnte.

Als Grundlage ihrer Erzählung verwendete die Autorin die Heilige Schrift und Abschnitte aus Büchern Ellen G. Whites. Diese sind am Ende des Werkes mit Seitenangaben angeführt. Einige Aspekte werden Bibellesern nicht unbekannt sein. Dabei werden auch so manche herausfordernde Gedanken geweckt, die auch selbst Erwachsene wieder zum Nachdenken bringen. In diesem Sinne ist „Paula fragt" kein typisches Kinderbuch, sondern eine kindliche Erzählung, die Kinder, junge Menschen, aber auch Erwachsene ansprechen soll. Es hat einen klar erkennbaren Handlungsstrang, ist konsequent chronologisch und stellt die Dinge auf eine sehr einfache Weise dar, die aber die Tiefgründigkeit nicht vermissen lässt. So manche Handlungen und Aussagen entspringen der Vorstellung der Autorin und unterliegen der schriftstellerischen Freiheit. Trotzdem hat das Buch im Allgemeinen eine solide Grundlage, die sich im Wort Gottes und in den Schriften Ellen G. Whites finden lässt.

Wir empfehlen, die Kinder mit diesem Buch nicht sich selbst zu überlassen, sondern die Gelegenheit wahrzunehmen, sich mit ihnen gemeinsam auf eine recht ungezwungene Art dem Thema zu stellen. So kann das Buch auch als Vorlese- oder Andachtsbuch eingesetzt werden. Diese gemeinsame Zeit kann sehr segensreich auch für ein gemeinsames geistliches Wachstum sein. Dabei werden sicher wieder neue Fragen auftauchen, auf die es aber nicht unbedingt gleich eine Antwort geben muss. Das sollte aber niemanden davon abhalten, sich intensiver mit der Frage nach dem Ursprung des Lebens, aber vor allem mit dem Ursprung der Sünde zu befassen. Wir werden erst in der Ewigkeit völlig zufriedenstellende Antworten auf viele unserer Fragen bekommen. In diesem Sinne ist dieses Werk von Laura Rock Winn auch ein Buch für Jugendliche und Erwachsene, die einer Sache auf den Grund gehen wollen.

Wir wünschen allen Lesern und allen lauschenden Hörern dieses Buches eine fruchtbringende, gesegnete Zeit, in der die Antworten auf die Fragen nach dem Leben und dem „Warum?" noch verständlicher werden.

Die Herausgeber

1.
TRAURIGE FERIEN

Lucas stürmte aufgeregt von der Schule nach Hause. Er konnte kaum einen klaren Gedanken fassen. Seine Schulsachen schleuderte er in die Ecke und rannte durch das ganze Haus, um seine Mutter zu suchen.

„Mama!", schrie er laut. „Mama, wo bist du?"

Schließlich fand er sie im Garten hinter dem Haus. Er redete so schnell, dass sie kaum ein Wort verstand.

„Halt! Halt!", lachte sie. „Warum um alles in der Welt bist du so aufgeregt, Lucas? Beruhige dich und fang noch einmal von vorne an!"

Lucas wischte sich den Schweiß aus dem Gesicht und schluckte ein paar Mal. Seine Worte überschlugen sich: „Wir haben morgen schulfrei, Mama! Darf ich …"

„Schulfrei?", unterbrach ihn seine Mutter und schaute überrascht. „Ich kann mir nicht vorstellen, warum schulfrei sein sollte. Bist du dir sicher, dass die Lehrerin euch morgen frei gegeben hat?" Wenn Lucas aufgeregt war, konnte er nicht immer klar denken. Er hatte nur von dem schulfreien Tag gehört, hatte aber keine Zeit mehr, nach dem Grund zu fragen.

„Aber Mama, ich weiß, dass die Lehrerin gesagt hat, dass wir einen schulfreien Tag haben", fuhr er ungeduldig fort. „Darf ich …"

„Jetzt hör mir einmal zu, Liebling. Ich kann mir das wirklich nicht vorstellen. Bevor du irgendwelche Pläne schmiedest, lass uns warten, bis Paula nach Hause kommt. Vielleicht kann sie uns die ganze Sache erklären." Paula war älter als ihr Bruder, deshalb wusste die Mutter, dass sie die Dinge besser verstehen konnte und nicht alles durcheinander bringen würde.

Lucas verzog sein Gesicht zu einer enttäuschten Miene und bohrte seine Schuhspitzen in den Schmutz. Er beschloss, sich auf die vordere Treppe zu setzen und dort auf Paula zu warten. „Hoffentlich beeilt sie sich", dachte er, während er ungeduldig das Gartentor beobachtete, „dann könnte ich endlich mein Boot herausholen."

Schließlich stand Paula vor dem Gartentor. Lucas stürmte los, während er den ganzen Weg laut rief: „Hallo, Paula! Hallo, Paula! Es stimmt doch, dass wir morgen einen schulfreien Tag haben, oder? Es stimmt doch, dass ..."

Lucas hielt inne. Was war nur los? Paula schien sich über den schulfreien Tag gar nicht zu freuen. Sie sah aus, als würde sie jeden Moment zu weinen beginnen, und ging geradewegs ins Haus, ohne ein Wort zu sagen.

Die Mutter hörte sie hereinkommen und rief aus der Küche: „Hallo Paula, ist alles klar bei dir? Lucas sagt, dass ihr morgen schulfrei habt. Ich verstehe das nicht. Vielleicht kannst du mir erklären ..."

Paula trat in diesem Moment in die Küche und begann zu weinen. „Aber Paula, Liebling! Was um alles in der Welt ist passiert?"

Als sie sich wieder beruhigt hatte, erkundigte sich die Mutter, was denn in der Schule passiert sei und warum Lucas behaupte, es seien Ferien.

„Also, Mama", begann Paula, „du kennst doch Cindy und Jean Johnson aus meiner Schulklasse. Ihre Mama wurde plötzlich sehr krank, und letzte Nacht ist sie gestorben. Morgen Nachmittag entfällt der Unterricht wegen der Beerdigung. Sie tun mir so leid ohne Mutter!" Mit diesen Worten brach sie wieder in Tränen aus.

Die Mutter setzte sich nieder und legte ihren Arm um Paula. Auch sie konnte ihre Tränen nicht zurückhalten, als sie an die fünf kleinen Kinder dachte, die nun ihre Mutter verloren hatten. Sie schaute auf und sah Lucas, der sie beobachtete. Er wusste immer noch nicht so genau, was geschehen war, aber es wurde ihm langsam klar, dass es wohl kein schöner freier Tag werden würde. Er verzog sein Gesicht und war den Tränen nahe.

Seine Mutter streckte ihre Hand aus. „Komm her, Lucas! Ich möchte dir etwas erklären. Du kennst doch Tommy aus deiner Schulklasse. Paula sagt, dass ihre Mama sehr krank war. Letzte Nacht ist sie gestorben. Damit wir alle Tommy und seinen Geschwistern zeigen können, wie leid das uns tut, haben die Lehrer entschieden, euch frei zu geben, damit ihr bei der Beerdigung dabei sein könnt."

Einen Augenblick lang dachte Lucas nach, dann sagte er: „Aber Mama, wenn ihre Mutter weg ist, wer kocht dann das Abendessen für die Kinder?"

Die Mutter schaute Lucas an. „Junge, du bringst mich auf eine Idee. Wir werden ein Abendessen für die Johnson-Kinder kochen." So machten sie es dann auch. Mutter ging mit Paula und Lucas zum Haus der Johnsons und bereitete ein leckeres Abendessen zu. Außerdem versprach sie, dafür zu sorgen, dass die Johnson-Kinder rechtzeitig für die Beerdigungsfeier in der Kirche angezogen sind.

Am nächsten Nachmittag fiel der Unterricht aus – nicht um Ferien zu machen und mit dem Segelboot zu spielen, wie Lucas zuerst gedacht hatte, sondern damit alle Kinder und ihre Eltern Herrn Johnson und seinen Kindern zeigen konnten, wie leid es ihnen tat.

Wie die Mutter versprochen hatte, ging sie hinüber, um den Kindern beim Anziehen zu helfen. Dann machten sich alle auf den Weg zur Kirche. Es war ganz still. Niemand sagte ein Wort. Jeder war sehr ernst. Paula war so traurig, dass sie es kaum ertragen konnte. Als die Orgel sanft zu spielen begann, fühlte sie sich ein klein wenig besser. Sie betrachtete die vielen Blumen und stellte sich vor, wie wunderschön die Blumen im Himmel sein würden und wie herrlich die Musik der Engel klingen würde.

Nach einer Weile stand der Pastor auf und begann zu sprechen. Er erzählte, was für eine gute Christin und liebevolle Mutter Frau Johnson gewesen war. Die Gedanken und so mancher Blick wanderten zu den fünf armen kleinen Kindern, die um ihre Mutter weinten. Die

Männer blickten ernst und schluckten betroffen, während die Frauen Tränen aus den Augen wischten. Paula schlug die Hände vors Gesicht und schluchzte.

Der Pastor fuhr fort, aus der Bibel zu lesen und sagte etwas, was Paula ein wenig tröstete. Er erzählte, die Menschen würden eines Tages nicht mehr krank sein und sterben, und die Kinder würden ihre Mutter eines Tages wiedersehen und wieder mit ihr gemeinsam leben können. Paula freute sich über diese Worte. Da der Pastor auch aus der Bibel vorlas, war sich Paula sicher, dass dies wirklich wahr sein musste.

Nachdem die Trauerfeier vorüber war, verließen die Leute einer nach dem anderen leise die Kirche. Draußen schien die Sonne und die Vögel sangen wie immer.

Nach der Beerdigung standen einige der Männer und Frauen in einer kleinen Gruppe zusammen und überlegten, wie sie Herrn Johnson helfen könnten, seine Kinder zu versorgen. Während sie sich unterhielten, ging Paula zu Cindy und Jean. Sie waren so einsam. Paula überlegte angestrengt, was sie sagen könnte, um sie aufzumuntern.

„Habt ihr gehört, was der Pastor gesagt hat?", flüsterte sie. „Er hat gesagt, dass die Menschen eines Tages nicht mehr krank sein werden. Außerdem werdet ihr dann eure Mama wieder sehen und wieder mit ihr zusammen sein. Ist das nicht wunderbar?"

Sie blickte um sich und genoss die Sonne, die Vögel sangen immer noch und das saftig grüne Gras war eine Augenweide. Daraufhin fuhr sie fort: „Das hier ist so ein ruhiger Ort, und es ist so schön hier. Lasst uns daran denken, an welch friedlichem Platz eure Mama ruht. Sie hat jetzt keine Schmerzen mehr."

Cindy und Jean waren zu traurig, um zu sprechen, also nickten sie einfach nur. Aber sie fühlten sich doch ein klein wenig besser, weil sie Paula hatten, die mit ihnen sprach.

Dann bemerkten die Mädchen, dass die Erwachsenen aufbrechen wollten und sich nach ihren Kindern umschauten. Als Paula an einer Gruppe vorbeiging, die immer noch miteinander sprach, hörte sie eine Frau etwas sagen, was ihr Angst machte.

„Hm, so habe ich über die Sache noch nie gedacht", sagte sie zu sich selbst. Den ganzen Weg nach Hause beschäftigte sie sich damit. Je mehr sie darüber nachdachte, umso unruhiger wurde sie. Nach einer Weile war sie völlig durcheinander.

Als sie nach Hause kamen, war es Zeit zum Abendessen, und es gab viele Dinge zu erledigen. Außerdem lag da ein Brief von den Großeltern. Wie doch die Kinder diese spannenden Briefe immer erwarteten!

Lucas vergaß völlig seinen traurigen, schulfreien Tag, und Paula dachte nicht mehr an das, was sie von der Frau am Friedhof gehört hatte.

2.

PAULAS VERWIRRENDE FRAGE

Lucas schaute auf die Uhr und klappte sein Buch zu. „Es ist Geschichten-Zeit", verkündete er. Lucas und Paula gehörten glücklicherweise zu einer Familie, die vieles gemeinsam unternahm. Sie gingen nicht nur zusammen zur Kirche, sondern nahmen sich auch jeden Abend Zeit, um Geschichten zu hören, die Bibel zu lesen und zu beten. Es war viel gemütlicher, als ins Bett geschickt zu werden und alleine zu beten, so wie es viele Kinder tun mussten.

Als die Zeit der Abendandacht kam, dachte Paula wieder an ihre Freunde. Arme Cindy, arme Jean, armer Tommy, arme Kinder! Sie hatten keine Mutter mehr, die mit ihnen am Abend betete und niemanden mehr, der sie mit einem Gute-Nacht-Kuss zu Bett bringen würde! Ihr fiel plötzlich wieder ein, was die Frau auf dem Friedhof gesagt hatte. Sie dachte so angestrengt darüber nach, dass sie nicht einmal die Geschichte hörte, die ihr Vater aus der Bibel vorlas. Sie spürte, wie eine große Traurigkeit in ihr hochstieg.

Plötzlich brach es aus ihr heraus. „Das ist nicht fair", weinte sie. „Es ist einfach nicht fair!"

Erschrocken schauten alle auf und starrten Paula an. Wovon um alles in der Welt redete sie? Warum unterbrach sie den Vater, während er eine Geschichte aus der Bibel vorlas? Das sah Paula gar nicht ähnlich.

Irgendetwas musste passiert sein.

Schließlich fragte die Mutter ruhig. „Was ist los, Schatz? Was ist nicht fair?"

Paula schluckte schwer und hielt ihre Tränen zurück. „Es ist einfach nicht gerecht von Gott, dass er Mütter sterben lässt, wenn ihre Kinder sie noch brauchen. Warum hat Gott Frau Johnson sterben lassen?"

Mama und Papa schauten einander an. Sie wussten nicht, was sie sagen sollten. Nach einer Weile brach Mama das Schweigen. „Papa, vielleicht könntest du Lucas zu Bett bringen, während Paula und ich hier noch eine Weile sitzen bleiben."

Als sie alleine waren, bat die Mutter Paula, sich zu ihr zu setzen. Paula machte es sich in ihren Armen gemütlich und war so dankbar, dass sie eine Mama hatte, die sie liebte. Lange Zeit saßen die beiden so da und dachten darüber nach, wie schön es war, einander zu haben und beisammen zu sein.

Schließlich fragte die Mutter sanft: „Möchtest du über das, was dich so bedrückt, sprechen?"

Paula setzte sich langsam auf: „Ich weiß nicht, Mama. Ich weiß nicht, ob du mich verstehen kannst."

„Vielleicht nicht", sagte Mama, „aber ich werde es versuchen. Manchmal gibt es Dinge, die keiner von uns versteht – selbst wir Erwachsene nicht. Aber irgendwie hilft es gewöhnlich sehr, wenn wir mit jemandem über alles sprechen können – vor allem, wenn es jemand ist, der sich um uns sorgt."

„Gut", begann Paula, „du kennst doch Frau Osborn. Sie spricht so laut, dass man sie überall hören kann. Nun …", Paula zögerte.

„Alles in Ordnung, Liebling", ermunterte die Mutter, „erzähl einfach weiter. Du weißt, dass du mir vertrauen kannst. Ich werde versuchen, dich zu verstehen."

„Nun, Frau Osborn sagte, dass sie einfach nicht verstehen kann, warum Gott kleinen Kindern ihre Mutter wegnimmt. Zuerst hat es mich erschreckt, sie so reden zu hören, denn es schien nicht richtig zu sein, so etwas über Gott zu sagen. Du hast uns immer erzählt, dass Gott gut ist und dass alles, was er tut, uns zum Besten dient. Aber seitdem ich Frau Osborn so reden hörte, weiß ich nicht mehr, was ich denken soll. Ich bin jetzt völlig durcheinander."

„Ja, ich weiß, ich weiß!", sagte die Mutter sanft. „Wenn wir Dinge nicht verstehen, können sie uns leicht verwirren – selbst uns Erwachsene." Dann begann sie zu schmunzeln. „Kannst du dich noch erinnern? Als du ein kleines Mädchen warst, wolltest du unbedingt mit einem Messer spielen. Ich versuchte dir zu erklären, dass du dich verletzen könntest, aber du wolltest mir nicht glauben!"

Paula musste auch ein wenig lächeln, als sie sich daran erinnerte, was dann geschah.

„Eines Tages hast du ein Messer erwischt. Ich nahm es dir weg und bestrafte dich."

Paula schnitt eine Grimasse. „Ich hab das bis heute nicht vergessen."

„Weißt du noch, wie du dich gefühlt hast? Du dachtest, ich sei der gemeinste Mensch der Welt!"

Paula betrachtete ihre Schuhspitzen und schämte sich ein klein wenig. „Ja, ich dachte, dass du mich nicht mehr lieb hast und mir Dinge nicht gönnst, die mich glücklich machen."

„Was passierte dann?"

„Eines Tages erwischte ich das Messer und schnitt mich."

„Dann erinnerte ich dich daran, dass ich damals nicht gemein gewesen war, weil ich dich bestraft hatte. Ich tat es, weil ich dich liebte und nicht wollte, dass du dich verletzt. Aber das konntest oder wolltest du noch nicht verstehen."

„Nachdem ich mich geschnitten hatte, wusste ich, warum ich nicht mit Messern spielen sollte."

„Vielleicht kannst du jetzt verstehen, warum wir Gott vertrauen sollten, auch wenn er traurige Dinge zulässt. Wir wissen nicht, warum er es tut, aber er sagt, dass er uns liebt, so wie ein guter Vater seine Kinder. Wenn wir ihm einfach vertrauen und gehorchen, wird er uns eines Tages im Himmel alles erklären."

„War es das, was der Pastor meinte, als er heute sagte, dass wir eines Tages alles verstehen werden?"

„Ja, genau das hat er gemeint … O Schatz! Schau, wie spät es ist! Du musst morgen Früh zur Schule."

Als Paula vor ihrem Bett kniete, dankte sie Gott für ihre lieben Eltern. Sie bat ihn auch, ihr irgendwelche Wege zu zeigen, wie sie Cindy und Jean helfen könnte, über den Tod ihrer Mutter hinwegzukommen.

3.
GROSSVATERS EINLADUNG

Es war kurz vor Schulschluss, als Lucas eines Tages nach Hause schlenderte und überlegte, was er während der Sommerferien wohl machen werde. Er rannte in sein Zimmer, zog seine Freizeitkleidung an und wollte rund ums Haus laufen, um seine Mutter zu suchen. Aber da stand sie auch schon in der Tür. Sie hatte ein Lächeln im Gesicht und hielt etwas in der Hand.

„Schau her, Lucas!", sagte sie. „Hier ist etwas Besonderes für dich und Paula. Wir haben heute wieder einen Brief von den Großeltern bekommen. Auch für euch Kinder haben sie eine Seite geschrieben." Sie setzten sich auf Lucas' Bett, um den Brief zu lesen. Großvaters Schrift war zittrig und schwer zu entziffern. Lucas musste langsam lesen. Er hielt seinen Finger unter die Wörter und buchstabierte jedes von ihnen einzeln.

„Ihr – seid – hier – mit – hiermit – he –he…" „Mama, was heißt das?" Lucas konnte die Schrift nicht entziffern.

„Herzlich … da hat Großvater wohl ein wenig zu viel gewackelt."

„Wo bin ich stehen geblieben? Oh ja!" Seine Finger wanderten weiter die Wörter entlang. „… ein – ge – laden – eingeladen – die – Som – mer – fer – ien – mit – uns – zu – ver – bringen."

Lucas gab den Brief seiner Mutter. Er wartete nicht mehr ab, um weiterzulesen. „Yiepieee!", schrie er, als er aus dem Haus stürmte. Er konnte es kaum erwarten, es Paula zu erzählen. Er setzte sich wieder auf die Stufen vor dem Haus und wartete auf Paulas Heimkehr von der Schule, damit er ihr von den Ferien erzählen konnte. Diesmal war er sich sicher, dass es „echte" Ferien werden würden und keine traurigen.

„Ich freu mich schon so", sagte er immer wieder zu sich selbst. „Ferien mit Großvater auf dem Bauernhof!" Schon begann er zu planen, was sie alles für tolle Sachen machen würden.

Schließlich erschien Paula am Gartentor, und wieder stürmte ihr Lucas laut rufend entgegen: „Hallo, Paula! Rate mal, von wem wir eingeladen wurden! … Wir werden die Sommerferien mit Großvater auf dem Bauernhof verbringen!"

„Du meinst … Wirklich? Ehrlich?", fragte Paula. Ein freudiges Lächeln huschte über ihr Gesicht. „Woher weißt du das?"

„Wir haben einen besonderen Brief bekommen – du und ich. Komm, ich zeige ihn dir." Sie rannten ins Haus, so schnell ihre Beine sie nur tragen konnten.

„Mama! Mama! Wo ist der Brief?"

„Hier ist er", sagte die Mutter und übergab Paula das Schreiben. Während Lucas aufgeregt eine Stufe auf- und absprang, las Paula den Brief. Als sie fertig war, begann sie zu lachen. „Schaut her. Habt ihr das gesehen?" Alle drei standen um Paula und schauten auf den Brief, während Paula laut las: „Hiermit seid ihr herzlich eingeladen, eure Sommerferien bei uns zu verbringen." Am Ende der Seite hatte Groß-vater eine Reihe kleiner Bilder von Großmutter, Großvater, einem Pferd, einer Kuh, einem Huhn, einer Katze und einem Hund gezeichnet.

Sie lachten und lachten. Was ihr Großvater doch immer für Einfälle hatte! Wer sonst käme auf die Idee, dass die Tiere die Kinder einladen, ihre Gäste zu sein!? Wer würde sonst so tolle kleine Bilder malen!? Sie lachten noch mehr.

Beim Abendessen konnten sie über nichts anderes als ihre Ferien-pläne sprechen. Später mussten sie sich aber beruhigen und ihre Haus-aufgaben erledigen. Danach war es Zeit für die Abendandacht.

Jeden Abend hatte Paula Gott gebeten, ihr Wege zu zeigen, wie sie freundlich und hilfsbereit mit Cindy und Jean umgehen sollte, die ohne ihre Mutter sehr einsam waren. In dieser Nacht lag Paula lange Zeit wach und schmiedete Pläne für den Besuch auf Großvaters Bauernhof. Plötzlich kam ihr eine glänzende Idee. Sie hielt es nicht aus, bis zum Morgen zu warten, um ihren Eltern davon zu erzählen, also stieg sie vorsichtig aus dem Bett und schlich auf Zehenspitzen in das Schlafzimmer der Eltern.

„Mama", flüsterte sie, „Papa! Seid ihr wach?"

„Ja! Warum, Liebling? Was ist los? Bist du krank?"

„Nein, es geht mir gut. Ich musste einfach nur daran denken, wie schön es wäre, wenn Cindy und Jean mit uns zu Großvater fahren könnten. Sie hätten dort so eine schöne Zeit! Es würde sie wieder fröhlich machen."

„Das ist schön, Liebling, dass du daran gedacht hast", sagte die Mutter, während sie Paula fest umarmte.

„Wir werden Herrn Johnson fragen, ob er einverstanden ist, wenn die Mädchen mit uns kommen", sagte Vater. „Natürlich müssen wir erst herausfinden, ob Großmutter Platz für so viele Leute hat. Ich weiß, dass es ihr nichts ausmachen wird, für ein paar Kinder mehr zu kochen, vor allem, wenn sie erfährt, dass sie keine Mutter mehr haben, die für sie kocht."

„Jetzt geh wieder zurück in dein Bett, Liebling", sagte die Mutter. „Morgen Früh werden wir weiter darüber sprechen."

Auf Zehenspitzen schlich Paula wieder zurück in ihr Zimmer und legte sich ins Bett. Mit einem Lächeln schloss sie die Augen. Sie fühlte sich glücklich. Nun machte es noch mehr Spaß, die Sommerferien zu planen.

Schließlich schlief sie ein und träumte und träumte – vom Reiten, vom Schwimmen im Teich, vom Schaukeln unter den großen Bäumen im Garten und von vielen, vielen anderen Dingen, die man bei den Großeltern machen konnte.

4.
AUF IN DIE FERIEN

Alle rannten geschäftig umher, um für die Reise bereit zu sein. Kleidung musste gewaschen und gebügelt, Koffer gepackt und ein Picknick vorbereitet werden. Außerdem mussten sie hinübergehen und den Johnson-Kindern helfen, sich fertig zu machen. Herr Johnson hatte ihnen erlaubt, mitzufahren. Tommy durfte auch mit, denn Lucas hatte ihn natürlich auch einladen wollen, als er erfuhr, dass Paula die Mädchen eingeladen hatte.

Es war ein fröhliches Grüppchen, das an einem Sommermorgen zeitig in der Früh sein Gepäck ins Auto lud. Die Kinder waren so aufgeregt. Die Mutter musste sie ständig ermahnen, leise zu sein. Sie hatte Angst, dass die ganze Nachbarschaft aufgeweckt wird.

Schließlich waren alle bereit. Vater startete den Motor, fuhr den Wagen auf die Straße hinaus und … die Reise begann! Oh, was für ein Abenteuer! Es sollte ein wunderschöner Sommer werden.

Nachdem sie einige Kilometer zurückgelegt hatten, erspähte Paula etwas vor ihnen am Straßenrand. „Fahr langsamer, Papa! Was das ist!", rief sie.

Der Vater verlangsamte das Tempo. Es waren kleine Kätzchen!

„Oh, bitte, halt an, Papa! Bitte!"

Der Vater lenkte den Wagen an den Straßenrand und blieb an einem kleinen, Weg stehen, der zu einem Acker führte. Alle drängten aus dem Auto und rannten zurück.

Was für ein jammervolles Bild sich ihren Augen bot! Ganz nah am Straßenrand lag eine tote Katzenmutter und unweit davon, fanden sie drei kleine Kätzchen. Zwei von ihnen waren auch bereits tot und das dritte war nahe am Verhungern. Mit ängstlichen Augen schaute es zu ihnen hoch, und jedes Mal, wenn ein Auto vorbeibrauste, kauerte es sich schrecklich zitternd nieder.

Paula blickte ihre Eltern an. Das Gesicht ihres Vaters war zornig. In Mutters Augen standen Tränen, aber gleichzeitig schien sie verärgert. Paula wunderte sich. Schließlich platzte es aus der Mutter heraus: „Wie können sie nur! Warum sind Menschen so grausam?"

Die Kinder blickten sie halb ängstlich, halb überrascht an. „Aber Mama", wagte Lucas mit ziemlich erschrockener Stimme zu sagen. „Ich glaube nicht, dass Leute kleine Kätzchen überfahren, um sie zu töten, oder? Sie würden sie doch nicht mit Absicht überfahren?"

„Das meint deine Mama nicht, Junge", sagte Vater. „Sie redet von Leuten, die ihre Haustiere nicht mehr wollen und sie neben der Straße aussetzen."

Die Kinder waren geschockt. „Du meinst, Leute wollen, dass ihre Katzen getötet werden oder verhungern?"

„Oh, nein. Normalerweise hoffen sie, dass eine gutherzige Person sie findet und ihnen ein Zuhause gibt. Aber sie denken nicht daran, dass die Tiere vielleicht von niemandem gefunden werden oder dass sie keiner aufnehmen möchte. Ich habe Tiere gesehen, die getreten, mit Steinen beworfen und von Leuten, die sie nicht wollen, von einem Platz zum anderen gebracht werden. Die armen Geschöpfe können nicht verstehen, warum sie plötzlich so grausam behandelt werden, wo sie doch an ein Zuhause und an eine liebevolle Behandlung gewöhnt waren. Also streifen sie auf der Suche nach Futter umher."

Die Kinder bekamen immer mehr Mitleid mit den Kätzchen und stellten sich vor, wie die Mutter von einem vorbeifahrenden Auto überfahren worden war und die Kleinen sich zu einem verängstigten

Häufchen zusammenkauerten. Schließlich verhungerten sie oder wurden überfahren.

„Dürfen wir das noch lebende Kätzchen mitnehmen, Papa?", fragte Lucas.

„Ja. Wir werden das arme kleine Ding nicht hier lassen, bis es verhungert. Wenn wir feststellen, dass es krank oder verletzt ist, werden wir es aber besser einschläfern, anstatt es sinnlos leiden zu lassen. Sucht eine Schachtel, in die wir es hineinsetzen können – dann kann es nicht herumkrabbeln und uns kratzen oder vielleicht aus dem Fenster springen, falls es Angst bekommt, wenn der Wagen startet."

Die Kinder waren begeistert. Während die Mutter ihnen half, eine Schachtel zu suchen, schob Vater die toten Katzen mit seinen Schuhen weiter in das Gras am Straßenrand.

Bald saßen sie wieder im Wagen und waren erneut unterwegs. „Was meint ihr?", fragte der Vater etwas lustig, „werden Großvater und Großmutter und alle Tiere am Gartentor sein, um uns die Hände zu schütteln?" Alle lachten, denn sie erinnerten sich wieder an Großvaters Bild in dem Brief, auf dem alle Tiere in einer Reihe standen, um sie zu begrüßen.

Plötzlich zeigte Lucas nach draußen und rief: „Da ist Großvaters Haus!" Alle Köpfe wandten sich in diese Richtung, und jeder versuchte einen Blick zu erhaschen. Sie fuhren die Auffahrt hoch … und dort standen auch schon Großmutter, Großvater und der Hund.

Die Kinder stolperten glücklich aus dem Auto. Großmutter umarmte jeden, so dass sich auch die Johnson-Kinder sofort wohl fühlten.

Bis zum Abendessen war noch ein wenig Zeit zum Spielen. Die Kinder stürmten mit Freudenschreien davon.

Als es für Großvater Zeit war, die Kuh zu melken, marschierten alle fünf hinterher. Natürlich musste das Melken jeder einmal versuchen. Bald schlich Dinah, die Katze, um die Ecke und saß geduldig wartend da, bis sie beachtet wurde. „Passt auf!", sagte Großvater, als er die Katze sah. „Komm her, Dinah!"

Dinah kam ganz nahe an die Kuh heran und öffnete ihr kleines Maul, sodass Großvater ein wenig Milch hineinspritzen konnte. Die Kinder schrieen vor Vergnügen.

„Dinah ist eine wertvolle Katze", fuhr Großvater fort. „Sie ist ein guter Hauswächter. Keine Ratten verderben das Futter, solange sie für mich aufpasst."

„Dürfen wir ein bisschen warme Milch für unser Kätzchen haben?", fragte Lucas.

„Euer Kätzchen?" Großvater schaute überrascht. Sie redeten alle auf einmal und versuchten zu erzählen, wie sie die kleine Katze gefunden hatten. Dann hefteten sie sich an Großvaters Fersen. Es war lustig, ihm zuzusehen, wie er die Tiere fütterte und sie für die Nacht bereit machte.

Als sie wieder zum Haus zurückkamen, gingen sie gleich zur Schachtel mit dem Katzenjungen auf der hinteren Veranda. Großmutter überließ ihnen eine Untertasse für die Milch, und sie machten sich daran, ihr neues Haustier zu füttern.

Das arme kleine Ding war beinahe verhungert. Es wusste nicht, wie man aus einem Teller trinkt weil es ja bisher nur an der Zitze seiner Mutter gesaugt hatte. Es steckte seine Nase zu tief in die Milch und spritzte und würgte.

Die Jungen fanden das lustig und krümmten sich vor Lachen. Aber Paula empfand Mitleid und versuchte dem Kätzchen zu helfen, indem es ihm beibrachte, vom Tellerrand zu trinken, wo die Milch nicht so tief stand.

Weil das Kätzchen so hungrig war, probierte es weiter, und es dauerte nicht lange, bis es wusste, wie nah es mit seinem Mäulchen an die Milch heran musste. Dann flog die kleine, rosa Zunge beim Auflecken der Milch geradezu raus und rein, und es gab kein Spritzen und Würgen mehr.

5.

GROSSVATER ERZÄHLT EINE GESCHICHTE

Nach dem Abendessen, als sie sich alle im Wohnzimmer niedergelassen hatten, sagte Großvater: „Lasst mich doch einmal euer wertvolles Kätzchen anschauen!" Die Jungen stürmten hinaus, um es zu holen, und führten es stolz vor.

„Nun ja", neckte der Großvater, „wenn das nicht die hässlichste Katze ist, die ich je gesehen habe!"

Bei diesen Worten zuckten die Kinder ein wenig zusammen; aber als sie das Kätzchen anschauten, mussten sie wehmütig zugeben, dass es wirklich nicht sehr schön war. Es war schmutzig und dünn, sein Fell stand in Borsten ab und hatte eine grau gefleckte Farbe.

„Aber eines Tages wird es eine wunderschöne Katze sein!", sagte Lucas verteidigend. „Wartet nur ab!"

„Nun, mag sein, mag sein", sagte Großvater bedächtig und nickte ernst. „Wie werdet ihr eure „gut aussehende", struppige Katze denn nennen?"

Alle sahen sich an.

„Ich hab's!", rief Paula. „Wir nennen sie Struppi!".

Alle stimmten ihr lärmend zu, und so blieb es dabei.

Großvater saß lächelnd in seinem großen Sessel. „Ich will euch eine kleine Geschichte erzählen."

„Oh, fein, fein!" Die Kinder rückten noch näher an Großvater heran. Seine kleine Hündin kam herüber, legte ihr Kinn auf Großvaters Knie und schaute zu ihm auf. Er tätschelte ihren Kopf, während er sprach.

„Eines Tages kam eine kleine Hündin zu unserem Haus. Sie war hungrig und mager, schmutzig und voller Flöhe, und beinahe verängstigt über ihren eigenen Schatten, denn so viele Leute hatten sie mit Stöcken und Steinen geschlagen und sie angebrüllt. Als sie mich sah, blieb sie zitternd stehen und sah mich bittend an, so als wollte sie sagen: „Mein Herr, ich weiß nicht, wo mein Zuhause ist, und ich bin so hungrig. Würdest du mir, bitte, einen Bissen zu essen geben? Bitte, schlag mich nicht und sprich nicht böse mit mir!"

Ich sagte: „Hallo, Hündchen!" Sie sah mich hoffnungsvoll an, wedelte mit dem Schwanz und wartete ab, was ich wohl tun würde. Dabei hielt sie ihren Blick fest auf mich gerichtet.

Ich sagte: „Du siehst aus, als hättest du schlimme Zeiten hinter dir."

Sie richtete sich ein wenig auf und wedelte noch heftiger mit ihrem Schwanz. Wenn sie hätte reden können, hätte sie wohl mit ihrem hoffnungsvollen Blick zu mir gesagt: „Bitte, Herr, ich bin kein schlechter Hund. Ich hatte ein schönes Zuhause, und ich wurde geliebt. Ich weiß nicht, warum sie mich eines Tages in den Wagen brachten, mich auf der Autobahn aussetzten und so schnell sie konnten, davonfuhren. Sie ließen mich dort ganz alleine. Ich konnte mein Zuhause nicht mehr finden, und niemand wollte mich bisher. Bitte, Herr, hab Mitleid mit mir! Bitte!"

Ich wollte mich abwenden, aber ihre Augen waren so traurig, und sie ließ ihren Schwanz enttäuscht sinken. Deshalb sagte ich „Komm!" und wandte mich dem Haus zu. Das Hündchen zuckte zusammen, und seine fragenden Augen schienen zu sagen: „Habe ich dich richtig verstanden?"

Ich sagte wieder „Komm!" und deutete ihr, mir zu folgen. Sie sprang in die Luft und stürmte hinter mir her, bellte vor Freude und rannte den ganzen Weg bis zum Haus in Kreisen um mich herum. Wir fütterten und säuberten sie und bereiteten ihr ein Bett. Sie schien vor kurzem Welpen gehabt zu haben, darum vermuteten wir, dass ihre Besitzer zwar einen Welpen, aber nicht mehr länger die Hündin behalten wollten. Vielleicht hatten sie versucht, sie weiterzugeben, doch nicht viele Leute wollen Hündinnen. Also setzten sie sie aus und versuchten zu vergessen, was ihr zustoßen könnte. So machen es viele Leute."

„Aber warum, Großvater?", unterbrach Paula. „Warum tun sie so etwas?"

„Nun, Paula Liebes – warum? Viele von uns wundern sich, warum scheinbar gute, freundliche Menschen gemeine und grausame Dinge tun."

„Aber erzähl uns doch, was mit dem kleinen Hund weiter passierte", unterbrach Lucas ein wenig ungeduldig.

„Ach ja! Der kleine Hund!" Großvater lehnte sich wieder in seinen Sessel zurück.

„Nun, als wir sie sauber hatten, war sie wunderschön und hübsch und hatte so ein feines Benehmen, dass Großmutter sagte: „Behalten wir sie doch und nennen wir sie Prissy, weil sie so lieb und anständig ist!"

„Du meinst, so ist Prissy zu euch gekommen?", riefen die Kinder durcheinander?

Als Prissy ihren Namen hörte, drückte sie Großvaters Knie mit ihrem Kinn und klopfte mit ihrem Schwanz leicht auf den Boden. Großvater tätschelte sanft ihren Kopf und fuhr fort. „Ja, so kam Prissy zu uns. Ich habe festgestellt, dass sie das absolut intelligenteste Tier ist, das ich je gesehen habe. Immer wenn ich mich niedersetze, kommt Prissy. Sie legt den Kopf auf mein Knie und blickt in mein Gesicht. Wenn sie denkt, dass ich ihr nicht genug Aufmerksamkeit widme, drückt sie ihr Kinn gegen mein Knie, um mich daran zu erinnern." Großvater sah sie liebevoll an, und ihre Augen funkelten zurück.

„Ihre Augen erzählen mir, was ihr kleines Hundeherz sagt: Ich habe dich lieb und ich will dir immer treu sein!"

Da presste Prissy ihr Kinn fest an Großvaters Knie und klopfte mit ihrem Schwanz wieder fest auf den Boden.

„Oh-h-h", seufzten die Kinder, „das war eine wunderschöne Geschichte, Großvater!"

Nun meldeten sich Mutter und Vater zu Wort: „Kommt, Kinder! Es war ein langer Tag, und es ist Zeit, ins Bett zu gehen."

Großvater nahm seine große Bibel. Nachdem sie ein Bibelwort gelesen hatten, beteten sie alle zusammen. Sie dankten Gott für die sichere Reise und baten ihn, ihnen freundliche Herzen zu schenken.

Großmutter hatte überall Betten bereitet, sogar auf dem Dachboden. Die Jungen wollten dort oben schlafen, und sie stellten Struppis Kiste neben ihr Bett, damit sie ihn trösten konnten, wenn er in der Nacht zu miauen begann. Bald war alles still in dem großen alten Haus. Jeder schlief und träumte wohl ruhig und glücklich.

6.

DIE BAUERNHOF-KOOPERATION

„M-M-M-M-M. Mm-m-m-m. Was riecht denn da so gut?" Lucas bewegte sich, war aber noch gar nicht richtig aufgewacht. Langsam öffnete er die Augen und blinzelte. „Wo bin ich?", fragte er sich. Aber dann hörte er ein schwaches, leises Miauen und war plötzlich hellwach. „Ich bin in Großvaters Haus! Hey, Tommy! Schnell! Aufstehen!" Beim Klang der Stimmen wurde das Miauen in der Schachtel neben dem Bett lauter. Die Jungen hoben den Deckel, und da saß Struppi, munter und bereit für seine Morgenmilch.

Mm-m-m-m! Da war wieder dieser leckere Geruch! Großmutter musste wohl schon Frühstück gemacht haben. Sowohl die Jungen als auch das Kätzchen sprangen die Stufen hinunter. Tatsächlich, Großmutter hatte das Frühstück fertig, und Großvater kam gerade mit einem Eimer guter, frischer Milch herein.

„Hört mal, ihr Stadtmenschen", neckte er. „Wisst ihr nicht, dass ihr auf einem Bauernhof früh aufstehen müsst? Wenn ihr bis zum Sonnenaufgang im Bett bleibt, versäumt ihr das halbe Vergnügen. Wo sind diese faulen Mädchen?"

Sie hörten die Mädchen in ihrem Zimmer kichern und schnattern. Die Jungen trieben sie zur Eile an, weil sie schon beinahe am Verhungern waren. Struppi erinnerte sie ebenfalls daran, dass er Hunger hatte, also wurde seine Schüssel mit frischer warmer Milch gefüllt. Am Anfang spritzte und würgte er ein wenig, aber dann schnellte die kleine rosa Zunge hinein und hinaus und sog gierig an der Milch.

Bald war der Frühstückstisch von einem Kreis frisch gewaschener, strahlender Gesichter umgeben. Großvater nahm wieder seine große Bibel. Nachdem er ein Bibelwort gelesen hatte, schlossen alle die Augen und beugten die Köpfe, während Großvater betete. Er dankte Gott, dass er ihnen dieses leckere Essen gab, und bat ihn, Mutter und Vater auf dem Heimweg vor Schaden zu bewahren.

Großmutters Essen schmeckte genauso gut, wie es roch. Sie schien zu wissen, was hungrige Mäuler gerne verspeisen. Darüber hinaus gab es noch eine riesige Schüssel mit dunkelroten Erdbeeren und dicker, frischer Sahne.

„M-m-m!", dachten die Kinder. „Das Essen wird diesen Sommer gut werden in Großmutters Haus."

Mutter und Vater mussten sich nach dem Frühstück auf den Weg machen und nach vielen Verabschiedungen und Versprechen, brav zu sein, winkten die Kinder so lange, bis das Auto außer Sichtweite war.

„So, lasst uns jetzt alle ins Haus gehen und eine Ratsversammlung abhalten", sagte Großmutter.

„Eine Ratsversammlung! Das klingt so indianisch. Indianischer Kriegsrat!" Die Jungen schrieen und tanzten umher.

Nachdem sich jeder hingesetzt hatte, erklärte Großmutter ihren Plan. „Fünf Jungen und Mädchen bedeuten viel Kochen, Waschen, Bügeln und Zusammenräumen. Was haltet ihr davon, wenn wir Arbeitslisten anfertigen?"

„Arbeitslisten? Was ist das?", fragten die Jungen im Chor.

„Wisst ihr das nicht?" Die Mädchen fühlten sich sehr überlegen. Sie hatten ihre Väter über Arbeitslisten im Zusammenhang mit ihrer Arbeit reden hören.

Großmutter brachte große Papierbögen, Bleistifte und Radiergummis.

„Jeder schreibt seinen Namen ganz oben auf sein Blatt Papier", erklärte sie. „Ich werde euch zeigen, wie man alles in Kästchen unterteilen kann. Wir werden eine Arbeit vor jeder Kästchenreihe schreiben."

Mit Großmutters Hilfe fertigten sie eifrig ihre Blätter an. Dann wurden die Arbeiten eingeteilt. Jeder musste das Bett machen, auf seine Kleidung aufpassen und sein eigenes Zimmer sauber halten. Sie konnten Tisch decken, den Abwasch machen, den Boden kehren und mithelfen, Gemüse und Früchte einzukochen. Mit jedermanns Hilfe würde Großmutter nicht so müde werden und Zeit haben, den Kindern ganz besondere Sachen zu kochen. Sie sagte, dass sie ihr sogar helfen könnten, das Essen zu planen. Dieser Vorschlag gefiel ihnen gut.

Nachdem die Arbeitslisten fertig waren, befestigten sie sie an der Wand. Dann machten sie sich daran, die Arbeiten zu erledigen, die auf ihren Blättern standen. Wenn die Arbeit fertig war, wurde sie im richtigen Kästchen abgehakt. Die Großmutter war die Inspektorin. Sie kontrollierte, ob die Arbeit ordentlich erledigt war, und setzte ein kleines „OK" in die Ecke. Die Kinder wollten alle ein ganzes Blatt voll mit Großmutters netten, kleinen „OKs" verdienen.

Zu Mittag kam Großvater, hungrig wie ein Bär, und wollte wissen, ob die kleinen ‚Bärenkinder' irgendetwas für ihn zu essen hätten.

Sie umringten ihn und redeten alle auf einmal.

„Zu Hilfe! Zu Hilfe!" Großvater hielt die Hände hoch. „Ich habe nicht gemeint, dass die kleinen Bären mich zum Essen verspeisen sollen!" Sie lachten und fuhren fort, aufgeregt zu erzählen.

„Arbeitslisten! Arbeitslisten! Wovon um alles in der Welt redet ihr? Was wisst ihr Kinder schon von Arbeitslisten?"

„Komm, wir zeigen sie dir!" Sie führten ihn zum Platz, wo die Arbeitslisten an der Wand befestigt waren, und deuteten stolz auf Großmutters kleine „OKs.".

„Nun, wenn das nicht die gescheiteste Idee ist, von der ich je gehört habe! Ich sage euch, eure Großmutter ist einfach die klügste Frau, die ich kenne." Großvater schenkte Großmutter ein breites Lächeln. Sie lächelte zurück. Die beiden zwinkerten sich einander zu.

Alle waren glücklich, als sie sich niedersetzten, um das herrliche Essen zu verschlingen, bei dessen Vorbereitung sie alle mitgeholfen hatten. Eine ganze Weile sagte niemand etwas, weil jeder so damit beschäftig war, das gute Essen zu genießen. Schließlich meinte Großvater: „Wisst ihr, ich habe nachgedacht. Warum kann ich nicht auch zu dieser großen Organisation dazugehören? Ich mag es nicht, irgendwo ausgeschlossen zu sein. Glaubt ihr nicht", fuhr Großvater fort, „dass so etwas Wichtiges außerdem einen Namen haben muss?"

„Ja!", stimmten die Kinder begeistert zu. „Wie soll es heißen?" Sie dachten angestrengt über einen guten Namen nach.

„Was haltet ihr von ‚Bauernhof-Kooperation'?", schlug Großvater vor.

„Eine Bauernhof w-a-s?", Lucas verzog sein Gesicht. „O-oh! Mir gefällt das!", erwiderte Paula. „Es klingt so groß und wichtig und geheimnisvoll."

„Was bedeutet es, Großvater?", beharrte Lucas auf seiner Frage.

„Nun", erklärte der Großvater bedächtig, „das bedeutet, dass uns alle etwas verbindet und jeder sein Bestes gibt, damit wir erfolgreich sind. Zu kooperieren bedeutet, reibungslos zusammenzuarbeiten."

„Dann ist das einfach der perfekte Name für uns", verkündete Paula mit Nachdruck. „Das ist genau das, was wir tun werden – zusammenarbeiten." Alle nickten zustimmend.

Großvater holte einen Bleistift aus seiner Tasche und stand vom Tisch auf. „Wenn ich bei diesem Geschäft mit dabei bin, kann ich dann noch einige Aufgaben zu den Arbeitslisten hinzufügen?"

„Oh, ja, ja!". Sie fragten sich, ob er ihnen auch erlauben würde, aufregende Dinge zu erledigen, wie die Kuh zu melken oder die Pferde zu lenken.

„Ach ja – beinahe hätte ich etwas Wichtiges vergessen." Großvater setzte sich wieder nieder und schaute ernst drein. „Keine Organisation ist gut, ohne einige Regeln, sonst weiß niemand, was zu tun ist. Das Erste, was wir erleben würden, wäre eine schreckliche Unordnung. Also: Sollten wir nicht lieber einige Regeln aufstellen?"

„Regeln! Regeln! Wir wollen Regeln einführen!", riefen die Jungen im Chor.

„Hört her! Das ist sehr wichtig." Großvater hob warnend den Finger. „Eine der ersten Regeln auf allen Bauernhöfen ist, dass jedes Tor geschlossen bleiben muss, damit die Tiere nicht ausbüxen. Habt ihr verstanden?" Er blickte ernst von einem zum anderen.

Alle versprachen es. „Ja, wir werden daran denken. Die Tore müssen geschlossen bleiben." Sie waren sich sicher, dass es einfach sein wird, sich an diese eine Regel zu erinnern.

„So, die Uhr sagt mir, dass es Zeit für mich ist, wieder zurück an die Arbeit zu gehen. Wir müssen unsere Pläne am Abend fertig besprechen. Vergesst die Tore nicht!", rief Großvater zurück, als er wieder zur Arbeit schritt.

„Wir werden es nicht vergessen", versprachen sie ihm noch einmal nachdrücklich.

7.

DAS OFFENE TOR

„Lasst uns auf Entdeckungsreise gehen!", schlug Lucas vor, nachdem sie den Abwasch erledigt hatten. Sie eilten nach draußen und hielten Ausschau nach einem Abenteuer. Bald hörten sie Lucas rufen: „Kommt schnell her! Seht, was ich gefunden habe!"

Sie sprangen hinter die Scheune. Dort, auf einer kleinen Weide, grasten ein Dutzend der süßesten kleinen Kälber, die man sich nur vorstellen kann. Zuerst beobachteten sie sie durch den Zaun. Dann dachten sie, dass es lustig wäre, hineinzugehen und mit den Kälbern zu spielen. Die Kälber rannten und traten mit ihren Hufen und hielten ihre Schwänze wie flatternde Fahnen in die Luft. Wie komisch das aussah!

Lucas beschloss, Cowboy zu spielen und auf einem der Kälber zu reiten. Er wählte sich einen süßen kleinen Kerl aus und alle rannten diesem nach, bis sie ihn eingefangen hatten. Dann half Paula Lucas, auf den Rücken des Kalbes zu klettern, während es die anderen festhielten. „Okay! Lasst los!", rief Lucas.

Das Kalb rannte und sprang, so wild es konnte, aber Lucas hatte beide Arme um seinen Hals gelegt und ließ nicht locker. Alle anderen Kälber begannen zu stürmen und auch die Kinder rannten und schrien. Es war ein wildes Durcheinander aus Trampeln und Schreien.

Lucas' kleines „Ponykalb" versuchte mit allen Kräften ihn abzuschütteln. Plötzlich fiel ihm ein, bis zum Ende der Weide zu laufen. Paula drehte sich um, um zuzuschauen. Da sah sie etwas, was ihr Herz stillstehen ließ. Ihre Augen wurden groß, und der Mund blieb ihr offen. Dann begann sie zu rennen und zu schreien.

„Lucas, pass auf! Lucas, pass auf! Das Tor ist offen! Das Tor ist offen!"

Das Kalb entdeckte das offene Tor und stürmte hindurch. Lucas hatte solche Angst, dass er losließ und ausgestreckt zu Boden fiel. Das Kalb schlug aus und rannte in Richtung der Zufahrt. Die Kinder liefen schreiend hinterher. Ihr Lärmen erregte die Aufmerksamkeit des Großvaters, der von der Rückseite der Scheune herbeigerannt kam. Auch die Großmutter eilte aus dem Haus.

Das verängstigte Kalb lief auf die Straße hinaus. Plötzlich hörte man das Quietschen von Bremsen und das Geräusch eines Zusammenstoßes.

Die Kinder stürmten zur Straße. Dort blieben sie abrupt stehen. Ihr Schreien verstummte. Sie starrten auf etwas, was mitten auf der Fahrbahn lag. Es war das kleine Kalb. Es rührte sich nicht mehr. Ob es tot war?

Da kam auch schon Großvater angerannt. Er war ganz außer Atem. Zuerst sah er das Kalb, dann blickte er die Kinder der Reihe nach an. Sie starrten auf den Boden und kämpften mit den Tränen.

„Ein offenes Tor?", fragte der Großvater ganz ruhig. Seine Augen schienen sie zu durchbohren. Keiner konnte ein Wort sagen. Sie nickten einfach nur kläglich.

Plötzlich versuchte das kleine Kalb, seine Beine ein wenig zu bewegen. Die Herzen der Kinder schlugen schneller. Das Kalb war nicht tot! Vielleicht hatte es sich gar nicht so schlimm verletzt. Alle schöpften Hoffnung!

Sie drängten sich zusammen, während sich Großmutter und Großvater niederknieten, um herauszufinden, wie schlimm das arme kleine Ding verletzt war. Es blutete aus seiner Nase und aus seinem Maul. Seine sanften braunen Augen sahen zu ihnen auf. Sie schienen zu sagen: „Könnt ihr mir bitte helfen?"

Großvater befühlte sanft den kleinen Körper, um zu sehen, wie schlimm es verletzt war. Dann schüttelte er langsam den Kopf. Keiner sagte ein Wort.

„Verzeihen Sie!"

Von der fremden Stimme überrascht sprangen alle auf. Ein junger Mann stand vor ihnen. Weil sie so besorgt um das kleine Kalb gewesen waren, hatte niemand den Wagen und seinen Fahrer beachtet.

„Es tut mir so furchtbar leid! Aber das Kalb rannte direkt aus der Zufahrt vor mein Auto. Ich konnte nicht schnell genug anhalten. Denken Sie, es wird überleben?"

Großvater schüttelte wieder den Kopf.

„Nun, wenn Sie glauben, dass es meine Schuld war, dann bin ich bereit, mich an den Kosten zu beteiligen."

„Nein", antwortete der Großvater. „Es war nicht Ihre Schuld. Sie konnten nichts dafür."

Dann wandte er sich zu den Kindern. „Paula! Du und Cindy! Lauft zur Weide und schließt das Tor, bevor noch mehr Kälber auskommen. Beeilt euch! Dann geht gleich zum Haus."

Der freundliche junge Mann bot sich an, Großvater zu helfen, das Kalb an den Straßenrand zu legen. Sie trugen es sehr vorsichtig und legten es sanft ins Gras. Dann fuhr der Mann weiter, und Großvater forderte die anderen Kinder auf, zum Haus zurückzukehren.

„Großmutter", fügte er hinzu, „würdest du bitte Herrn Braun anrufen und ihn fragen, ob er heute Abend herüberkommen könnte? Ich möchte mit ihm sprechen!"

Als die Kinder nach Hause gingen, fiel ihnen der besorgte Gesichtsausdruck der Großmutter auf.

Cindy und Paula kamen hereingeeilt, nachdem sie das Tor geschlossen hatten. Beide Mädchen hatten Tränen in den Augen. „Es war alles unsere Schuld. Das kleine Kalb muss leiden und sterben, weil wir die Regel vergessen haben. Das ist doch ungerecht!"

„Ja, meine Lieben. Es ist nicht gerecht. Aber oft geschehen Dinge, die nicht gerecht sind, ‚nur' weil sich Menschen falsch verhalten."

8.

GROSSVATER ZAHLT DEN PREIS

„Alle in die Küche, wenn ihr ein Abendessen wollt!", rief die Großmutter und versuchte dabei fröhlich zu klingen.

Die Kinder waren froh, dass sie etwas zu tun hatten. So würden sie nicht so viel daran denken müssen, was geschehen war – das offene Tor und alles andere.

Großvater sollte nun gleich mit einem Eimer frischer Milch hereinkommen. Struppi wartete schon sehnsüchtig darauf. Er wollte endlich seine Schale Milch haben. Die Kinder hingegen waren über Großvaters Kommen nicht so erfreut. Sie fürchteten sich davor, was er über das offene Tor sagen würde, und als er schließlich eintrat, suchten sie eifrig nach Dingen, die sie in der Küche erledigen konnten. Sie wünschten sich sogar, nicht am selben Tisch essen zu müssen. Zuerst starrten sie auf ihre Teller und sagten kein Wort. Aber Großvater schimpfte nicht. Er verlor kein Wort über die Sache mit dem Tor.

Nach einer Weile fühlten sich die Kinder ein wenig erleichtert, und auch das Abendessen schmeckte besser. Nach und nach konnten sie von ihren Tellern aufsehen und Großvater wieder anblicken.

„Nach dem Abendessen werden wir meinen Teil auf der Arbeitsliste festlegen und über unsere Regeln entscheiden", sagte Großvater lächelnd. „Was sagt ihr dazu?"

41

Das wäre ein sehr großer Spaß gewesen, aber als Großvater die Regeln erwähnte, erinnerten sich die Kinder wieder an das offene Tor, und sie fühlten sich dabei ganz schlecht.

Nach dem Abendessen holten sie ihre Arbeitslisten und verbrachten die Zeit damit, Regeln für die Bauernhof-Kooperation zu entwerfen. Da klopfte es an der Hintertür. Großmutter ging zur Tür. „Herr Braun ist hier, um dich zu sprechen", sagte sie.

Großvater stand auf und ging ins Nebenzimmer zu Herrn Braun. Die Kinder merkten, dass Großmutters Gesicht wieder sehr besorgt war. Sie konnten die Männer leise reden hören. Sie horchten angestrengt. Großvater erklärte Herrn Braun, was mit dem Kalb passiert war. Dann sprachen sie über den Preis für Kälber. Schließlich ging Großvater in einen anderen Raum. Als er zurückkam, hatte er Geld in der Hand. Er überreichte es Herrn Braun.

Nachdem Herr Braun gegangen war, schauten sich Großvater und Großmutter an und versuchten ein wenig zu lächeln, aber es war kein sehr fröhliches Mienenspiel. Paula wusste, dass sie nicht viel Geld hatten, und sie wunderte sich, warum Großvater Herrn Braun Geld gegeben hatte. Außerdem wollte sie wissen, was Herr Braun mit dem Kalb zu tun hatte. Sie war so neugierig, dass sie Großvater einfach fragen musste.

„Großvater, warum ist Herr Braun wegen des Kalbs gekommen?"

„Weil das Kalb ihm gehört, Paula. Um ehrlich zu sein, ich musste ihm die Wahrheit darüber sagen, was vorgefallen war. Weißt du, ich passe auf die Kälber von Herrn Braun auf."

„Aber wenn das Kalb Herrn Braun gehört, warum musst du ihm dann Geld dafür geben?"

„Nun, Liebes, wenn dir Leute etwas anvertrauen, bist du verpflichtet, gut darauf aufzupassen. Wenn etwas passiert, was du verschuldet hast, ist es nur gerecht, wenn du den Preis dafür bezahlst."

„Aber Großvater, es war nicht deine Schuld!", weinte Paula. „Es ist nicht fair, dass du den Preis bezahlen musstest!"

Die Kinder hörten alle mit weit geöffneten Augen und Ohren zu.

Großvater sah sie ruhig an. „Ich weiß. Es war eure Schuld. Aber hättet ihr den Preis zahlen können?"

Sie schüttelten den Kopf und sahen zu Boden. Armer Großvater! Sie hatten ihm so viel Ärger bereitet und dann musste er auch noch für ihre Schuld bezahlen. Oh, wie sie sich schämten!

Großvater fuhr mit freundlicher Stimme fort.

„Seht mal, ich wusste, dass ihr den Preis nicht bezahlen könnt. Aber ich liebe euch Kinder so sehr, dass ich bereit war, für euch zu bezahlen, auch wenn es für mich nicht einfach ist. Ich bin ein alter Mann und kann nicht mehr so hart arbeiten. Daher habe ich auch nicht viel Geld. Aber ich habe es trotzdem gerne getan. Durch diese Sache erinnert ihr euch vielleicht das nächste Mal, wie wichtig es ist, den Regeln zu gehorchen."

„Oh Großvater, es tut uns so leid! Wir werden uns immer an die Regeln halten." Dann hörten sie die große Uhr schlagen. Es war Zeit für die Abendandacht.

„Paula, möchtest du mir meine Bibel bringen?"

Großvater durchblätterte die Seiten, bis er einen bestimmten Text gefunden hatte. Dann las er ihn langsam vor. Es ging darum, wie Kinder gehorchen sollten. In ihren Gebeten sagten sie Gott, dass ihnen alles sehr leid tue. Sie baten ihn, ihnen zu helfen, die Regeln zu beachten. Dann gingen sie zu Bett und fühlten sich um einiges leichter.

9.

TANTE TRAUDES GEHEIMNIS

„Wie wäre es mit einem kleinen Ausflug?", fragte Großvater eines Morgens. Jeder eilte umher, um sich bereit zu machen, und kurz danach tuckerten sie in Großvaters kleinem altem Auto fröhlich die Straße hinunter.

„Wo fahren wir hin?", rief Lucas über das aufgeregte Geschnatter hinweg.

Großvater lachte. „Ich habe mich schon gefragt, wer der Erste sein wird, der diese Frage stellt. Wir werden eure Verwandtschaft besuchen."

Bald rumpelte das Auto über einen Feldweg mit hohen schattenspendenden Bäumen und hielt vor einem großen, weiß gestrichenen Bauernhof. Da standen auch schon ihre Cousine Kitty und Cousin Danny und warteten ungeduldig auf sie. Neben ihnen hockte ein großer schöner Hund.

„Wie heißt er?", fragte Tommy.

„Sox", antwortete Danny und deutete auf die weißen Pfoten des Hundes.

„Er schaut aus, als würde er Socken tragen", kicherten die Mädchen.

„Vergesst die Regeln nicht!", erinnerte Paula, als sie zur Scheune gingen, um zu spielen und alles zu erforschen.

„Regeln! Welche Regeln?", wollte Danny wissen.

„Für das Schließen von Toren und solche Dinge", antwortete Paula. Sie sahen sich an, aber keiner verlor ein Wort über das offene Tor und das kleine Kalb.

Während sie spielten, tollte Sox zwischen ihren Beinen umher, und Danny prahlte mit den vielen Kunststücken, die Sox konnte.

„Prissy ist der intelligenteste Hund", verkündete Lucas verteidigend.

„Ach, Sox ist genauso intelligent wie Prissy – vielleicht sogar gescheiter", schnaubte Danny verächtlich.

„Großvater sagt, dass Prissy der pfiffigste Hund ist, den er je gesehen hat."

„Sox ist jedenfalls größer."

„Das zählt nicht, wenn ein Hund schon am intelligentesten ist."

Nun beteiligten sich alle an dem Streit. Ihre Stimmen wurden lauter und wütender. Die Buben hatten ihre Fäuste geballt, und es schien, als gäbe es bald einen Kampf. Plötzlich tauchte ein Schatten auf und Großvater stand da. Er sah aus wie ein Riese und sie konnten sich seinen Blicken nicht entziehen. Sie ließen ihre Köpfe hängen und wussten nicht, wohin mit ihren Händen.

„Waren das meine Enkelkinder, die sich mit solch lauten und bösen Worten angeschrieen haben?" Großvater sprach langsam, und seine Stimme klang ernst.

Die Kinder blickten einander von der Seite an.

„Was war denn so wichtig, dass ihr so einen lauten Streit hattet?"

Paula raffte sich zu einer Antwort auf. „Naja, es begann mit der Frage, wessen Hund klüger ist, und dann, welcher der wichtigere ist, und dann – nun, ich glaube, ab dann war jeder so böse, dass wir gar nicht mehr genau wussten, warum wir uns stritten."

„Ich möchte euch etwas sagen", erwiderte der Großvater. „Habt ihr gewusst, dass alle Schwierigkeiten auf dieser Erde dadurch begannen, dass eine Person klüger und wichtiger sein wollte als alle anderen?"

Mit weit aufgerissenen Augen hörten die Kinder Großvater zu.

„Wann immer wir glauben, klüger oder wichtiger zu sein, wird es mit ziemlicher Sicherheit Probleme geben."

Sie begannen einander anzugrinsen. Wie dumm von ihnen, darüber zu streiten, wie klug ein Hund ist! Als sie am Abend nach Hause kamen und Prissy ihr Kinn auf Großvaters Knie legte und mit ihrem Schwanz wieder auf den Boden schlug, dachte Paula, dass sogar Prissy beschämt wäre, wenn sie wüsste, über welche dummen Kleinigkeiten sie miteinander gestritten hatten.

Die Ferien waren viel zu schnell zu Ende. Während sie damit beschäftigt waren, ihre sieben Sachen zu packen, brachte Großmutter ihre Arbeitslisten. „Wollt ihr sie als Souvenir mitnehmen?", fragte sie.

„Was ist ein Souvenir?", fragte Tommy.

„Ein Souvenir ist ein Andenken", erklärte Großmutter. „Etwas, was dich an eine besondere Sache erinnert."

Plötzlich stand Struppi vor ihnen. „Was ist mit mir?", schien er zu miauen. Großvater machte einen Vorschlag. „Wie wäre es, wenn Struppi hier auf dem Bauernhof bliebe?" Das war jedem recht – auch Struppi, da bin ich mir sicher.

Als sie zu Hause ankamen, bedankte sich Herr Johnson überschwänglich bei Lucas und Paula, dass sie seinen Kindern einen so wunderschönen Sommer bereitet hatten. Es hatte ihnen geholfen, den Verlust ihrer Mutter zu verarbeiten.

Auf Lucas und Paula wartete eine tolle Überraschung. Tante Traude hatte ihren Besuch angekündigt. „Tante Traude kommt! Hurra!", rief Lucas, während er vor lauter Freude ein paar Räder schlug.

Tante Traude war die fröhlichste kleine Frau, die man sich vorstellen kann. Es gab keinen trüben Augenblick, wenn Tante Traude da war. Jeder liebte sie – Kinder wie Erwachsene. Wenn sie lächelnden Gesichtes an der Haustür erschien, war es, als würde sogar das Haus sie willkommen heißen.

An einem sonnigen Morgen brachen sie alle zur Kirche auf. Als sie ankamen, sahen sie die Leute in kleinen Gruppen vor der Tür stehen und gedämpft miteinander reden. Wie komisch, dachten sie.

„Was ist los? Was ist geschehen?", fragten Mutter und Vater eine Gruppe von Freunden.

„Oh, habt ihr es nicht gehört? Unser Pastor hatte einen schrecklichen Unfall. Er ist so schwer verletzt worden, dass er starb."

„Wie ist das passiert?", fragte der Vater.

„Ein betrunkener Autofahrer rammte sein Auto."

„Ist der betrunkene Mann auch gestorben?"

„Nein, er wurde nicht einmal verletzt."

„Wie geht es Linda?", fragte Paula. Linda, die Tochter des Pastors, war Paulas beste Freundin.

„Die arme Linda!", sagte eine der Frauen. „Sie liegt im Krankenhaus, und der Doktor sagt, dass sie vielleicht nie mehr wieder laufen kann."

Als Paula das hörte, fühlte sich ihr Herz an wie ein Stein.

Auf dem Heimweg war jeder zu traurig, um zu sprechen. Schließlich fragte Paula: „Warum hat Gott es zugelassen, dass der Pastor starb, wo er doch so ein guter Mann war?"

„Ja", pflichtete ihr Lucas bei. „Warum hat Gott nicht diesen schlechten, betrunkenen Mann sterben lassen?"

„Sei ruhig, Lucas", sagte die Mutter. „Wir dürfen niemandem den Tod wünschen."

Dann begann der Vater zu sprechen. „Auf dieser Erde kommen auf jeden Menschen Schwierigkeiten und Nöte zu. Alle Menschen müssen sterben – die guten wie auch die schlechten. Wir wissen nicht, warum Gott dieses oder jenes zulässt. Er erklärt es uns in diesem Leben hier auch nicht. In diesem Fall sah Gott vielleicht, dass der Pastor bereit war zu sterben, aber der betrunkene Mann nicht. Wenn der betrunkene Mann eine Chance bekommt, noch ein wenig länger zu leben, wird es ihm vielleicht einmal sehr leid tun, was er getan hat, und er wird sich zu Gott bekehren. Auf diese Weise könnte ihm der Tod des Pastors helfen. Gott möchte jeden von uns für die Heimat im Himmel vorbereiten, und manchmal werden Menschen durch Probleme daran erinnert, Gott zu dienen. Für Christen kann Leid eine Prüfung sein, um zu sehen, ob sie zu Gott stehen, was immer geschieht."

Paulas Herz war voller Kummer. Den ganzen Abend dachte sie an Linda. Sie versuchte sich vorzustellen, wie es wäre, wenn sie nie wieder gehen könnte. Tante Traude versuchte sie zu trösten.

„Du kannst das nicht verstehen, Tante Traude", klagte Paula. „Du bist immer fröhlich und hast nie ein Problem, das dich bedrückt."

Bei diesen Worten schauten sich die Mutter und Tante Traude rasch an. Die Mutter stand auf und forderte Tante Traude auf, ihr zu folgen. Sie begaben sich in Mamas Zimmer und blieben dort ziemlich lange. Als sie wieder herauskamen, waren ihre Augen rot, so als hätten sie ein wenig geweint. Paula war überrascht. Sie konnte sich nicht vorstellen, dass ihre fröhliche Tante Traude wusste, wie man weint!

„Paula", sagte die Mutter. „Würdest du mit Tante Traude in dein Zimmer gehen? Ich habe sie gefragt, ob sie bereit wäre, dir eine Geschichte zu erzählen."

Paula stand langsam auf und betrat ihr Zimmer. Was war da nur los? Sie schaute Tante Traude an. Noch nie zuvor hatte Tante Traude so ausgesehen. Sie versuchte zu lächeln, aber es fiel ihr schwer.

„Paula, Liebes, deine Mama hat mir erzählt, dass du viele Sorgen hast. Deine kleinen Freunde haben ihre Mutter verloren, und jetzt hatte Lindas Vater diesen schrecklichen Unfall und die arme Linda muss so leiden. Du denkst, ich verstehe dich nicht, weil ich immer fröhlich bin."

Tante Traude saß eine Zeitlang still da, dann lehnte sie sich vor, gab Paula einen Kuss und streichelte ihren Kopf. „Ich hatte einmal ein kleines Mädchen, so wie du es bist!", sagte sie sanft.

Paula war so überrascht, dass sie Tante Traude anstarrte.

„Ich hatte auch einmal einen kleinen Jungen."

„Aber, was ist geschehen, Tante Traude?" Paula flüsterte es beinahe. „Sind sie – sind sie – gestorben?"

Tante Traude nickte. „Ja, Paula. Meine zwei lieben kleinen Kinder und ihr Vater. Ich bin alleine übrig geblieben."

Paula wusste nicht, was sie sagen sollte, und Tante Traude fuhr fort. „Zuerst dachte ich, dass Gott nicht gerecht ist, weil er das zugelassen hat. Nach einer Weile erkannte ich, dass ich durch meine Probleme die Sorgen anderer Menschen besser verstand und ich ihnen helfen konnte. Also half mir Gott, fröhlich zu sein, damit ich andere Menschen auch fröhlich machen konnte. Weißt du, Paula, vor langer, langer Zeit gab es jemanden, der selbstsüchtig wurde und plötzlich glaubte, dass er wichtiger als jeder andere sei. Er verursachte überall Probleme" „Das ist ja genau das, was Großvater gesagt hat!", unterbrach Paula. „Er sagte, dass es eine lange Geschichte sei, aber wir mussten nach Hause fahren, bevor er Gelegenheit hatte, sie uns zu erzählen."

„Ja, es ist eine lange Geschichte", stimmte Tante Traude zu. „Vielleicht kann ich sie euch erzählen, bevor ich wieder weg muss."

„Oh ja, ich hoffe es!", sagte Paula gespannt.

„Hör zu, Paula. Ich habe dir ein Geheimnis anvertraut, das ich tief in meinem Herzen begraben habe. Wird es ein Geheimnis bleiben?"

„Ja, Tante Traude. Ich verspreche es."

„Können wir jetzt wieder lächeln und andere Menschen glücklich machen?" Wieder setzte Tante Traude ihr wunderschönes Lächeln auf.

Paula schlang die Arme um sie. „Oh, Tante Traude! Ich liebe dich mehr denn je! Du verstehst mich wirklich!"

10.

TANTE TRAUDE EILT ZURÜCK

Tante Traude hatte keine Zeit mehr, die versprochene Geschichte zu erzählen, denn am nächsten Tag erhielt sie eine Nachricht, in der sie gebeten wurde, für ein krankes Mädchen zu sorgen. Schnell packte sie ihre Sachen zusammen. Als sie zur Abreise bereit war, hatte sich die ganze Familie schon im Flur versammelt, um sie zu verabschieden.

„Das kleine Mädchen wird sich augenblicklich besser fühlen, sobald sie Tante Traudes Lächeln sieht!", sagte der Vater.

Alle küssten sie zum Abschied. Als Paula an der Reihe war, umarmte sie ihre Tante besonders fest und flüsterte ihr ins Ohr: „Ich hab dich so lieb, Tante Traude. Danke, dass du mir dein Geheimnis anvertraut hast."

Tante Traude drückte Paulas Hand und flüsterte zurück: „Jetzt ist es auch dein Geheimnis. Vergiss nicht zu lächeln!" Dann entfernte sie sich und winkte fröhlich zurück.

Das Haus schien so einsam ohne sie, aber alle waren froh, wenn sie daran dachten, dass Tante Traude einen anderen Menschen glücklich machen würde. Bald darauf begann wieder die Schule, und es gab viel zu tun.

„Mama, Mama!", rief Lucas eines Tages, so wie immer, wenn er von der Schule nach Hause kam. Er stürmte ins Haus und durch den Garten, aber er konnte Mama nicht finden.

„Na gut", dachte er. „Sie wird in die Stadt gefahren sein und bald zurückkommen. Ich werde einfach im Vorgarten spielen, bis Paula kommt."

Nach einer Weile erschien Paula, aber die Mutter war immer noch nicht da. Also spielten sie einfach. Dann war es Zeit für Vaters Rückkehr, aber auch er kam nicht. Das Haus begann sich groß und leer anzufühlen. Ängstlich schauten sich die Kinder an und fragten sich, was geschehen sein könnte.

Br-r-r-r! Das Telefon läutete. Beide Kinder stürmten hin. Paula nahm den Hörer und Lucas lauschte ängstlich. Es war die Mutter. „Wo bist du, Mama?", fragte Paula.

„Stell jetzt keine Fragen, Liebes", antwortete sie. „Bleibt bitte im Haus. Ich werde bald heimkommen."

Sie standen am vorderen Fenster und beobachteten die Straße. Es schien ewig zu dauern, aber schließlich tauchte die Mutter auf. Sie eilten zur Tür, um sie zu begrüßen. Ihr Gesicht sah blass und müde aus. „Was ist los, Mama? Was ist passiert?", riefen sie.

Sie legte ihre Arme um sie und führte sie zum Sofa, damit sie sich gemeinsam hinsetzen konnten. Dann begann sie langsam und leise zu sprechen. „Papa ist sehr krank. Er ist im Krankenhaus, wo er gut versorgt wird. Wir müssen jetzt alle tapfer sein und beten, dass es ihm bald wieder gut geht."

Ihr Vater krank? Im Krankenhaus? Sie konnten es kaum glauben. Aber beim Abendessen fehlte er, und als sie in Mamas blasses, müdes Gesicht blickten, wussten sie, dass es stimmte. Es wurde ihnen schwer ums Herz, die Kehle schnürte sich zu, und sie konnten kein Wort sagen. Eng kuschelten sie sich an ihre Mutter, und sie hielt die Kinder fest umschlungen.

Nach einer langen Weile schaute Lucas auf und sagte: „Kann Papa bald nach Hause kommen, Mama?"

„Ich weiß es nicht, Liebling. Der Arzt wird uns sagen, wann er nach Hause darf. Jetzt müssen wir zu Abend essen, und ihr müsst eure Hausübung machen. Papa wird sich sicher besser fühlen, wenn er weiß, dass wir alles erledigen, was zu tun ist."

Sie machten sich an die Arbeit. Aber als es Zeit war, um ins Bett zu gehen, war Vater nicht da, um ihnen eine Geschichte zu erzählen. Lucas, Paula und die Mutter beteten, dass Gott ihn bald wieder gesund macht.

In der stillen Dunkelheit lag Paula da und dachte an ihren Vater. Sie konnte nicht verhindern, dass sie ein bisschen weinte, auch wenn sie angestrengt versuchte, es nicht zu tun. Nach einer Weile schlich sie auf Zehenspitzen in das Zimmer ihrer Mutter. Auch diese lag wach im dunklen Schlafzimmer und dachte an den Vater.

„Mama", flüsterte Paula, „Gott wird Papa doch gesund machen, oder?

„Ich hoffe es, Liebling."

„Aber Papa ist ein guter Mensch", fuhr Paula ängstlich fort. „Gott wird ihn doch nicht sterben lassen!"

„Oh, wir hoffen nicht! Aber wir können diese Dinge nicht beeinflussen." Und bei diesen Worten fiel es der Mutter schwer, die Tränen zurückzuhalten.

„Aber Mama, warum lässt Gott es zu, dass gute Menschen, kleine Kinder und hilflose Tiere krank werden und Probleme haben? Warum kümmert er sich nicht um sie, besonders wenn sie zu ihm um Hilfe beten?"

„Nun, Liebes, das ist eine schwere Frage. Es ist eine Frage, die sich fast jeder einmal stellt. Aber weißt du, Gott kann nicht parteiisch sein. Er muss jeden gleich behandeln, denn sonst würden manche sagen, dass er nicht gerecht ist."

„Aber Gott ist gut, und er hat die Macht, alles zu tun, was er will. Warum lässt er zu, dass überhaupt irgendjemand krank ist oder getötet wird oder Sorgen hat?"

„Gott hat nie gewollt, dass wir krank werden und sterben", erklärte die Mutter. „Aber vor langer Zeit gab es jemanden, der meinte, dass er genauso wichtig sei wie Gott. Er versuchte sich in Gottes Handlungen und Pläne einzumischen, und damit begannen die Schwierigkeiten."

„Weißt du, Mama, genau das haben mir schon Großvater und auch Tante Traude erzählt und jetzt sagst du es mir auch."

Eine ganze Weile lag Paula still da und dachte nach. Es war so gemütlich in der Dunkelheit neben Mama. Dann lag ihr noch eine Frage am Herzen.

„Warum hindert Gott nicht jeden daran, der Ärger macht und seine Pläne zerstören will?"

„Eines Tages wird er das alles stoppen, aber es braucht seine Zeit, damit seine Pläne wahr werden können. Ich muss dir diese Geschichte einmal erzählen, aber es ist schon spät. Du musst morgen aufstehen, um zur Schule zu gehen, und ich muss ins Krankenhaus und nach Papa sehen. Also, geh in dein Zimmer und versuche zu schlafen."

Der Arzt sagte, dass Vater in einigen Tagen nach Hause dürfe, aber es werde lange dauern, bis er wieder ganz gesund ist. Er müsse das Bett hüten. Die Mutter brauchte jemanden, der ihr half, für den Vater zu sorgen. Nun, wer könnte das sein? Tante Traude! Natürlich!

Eine Nachricht wurde abgeschickt. Daraufhin kehrte Tante Traude sofort zurück. In dem Augenblick, als ihr fröhliches Gesicht im Hauseingang erschien, fühlten sich alle sofort besser. Jeden Tag half sie der Mutter, für Vater zu sorgen.

Als es Zeit zum Schlafengehen wurde, fragte Lucas: „Tante Traude, wirst du uns eine Geschichte erzählen?"

„Ja natürlich, Lucas. Ich mache das sehr gerne."

Dann kam Paula: „Wirst du länger bei uns bleiben, Tante Traude?"

„Ja, ich werde bleiben, solange mich euer Vater braucht."

„Der Arzt hat gesagt, dass es eine lange Zeit dauern wird, bis es Vater wieder besser geht. Wirst du Zeit haben, um die lange Geschichte zu erzählen, von der du gesprochen hast?"

„Ja, das ist eine wunderbare Idee", erwiderte Tante Traude. „Weil es eine lange Geschichte ist, werde ich euch jeden Abend einen kleinen Teil davon als Gute-Nacht-Geschichte erzählen. Was haltet ihr davon?"

„Oh ja, wie schön!", riefen beide Kinder voller Freude.

Sie kuschelten sich an ihre Tante, und sie begann zu erzählen.

11.

DIE GESCHICHTE BEGINNT

Vor langer, langer Zeit – so lange, dass wir uns nicht einmal vorstellen können, wie lange das her ist – da war nichts. Wirklich gar nichts. Keine Erde, kein Himmel, keine Sterne, keine anderen Welten, keine Menschen, keine Engel – einfach gar nichts.

Außer Gott natürlich. Gott der Vater, Gott der Sohn und Gott der Heilige Geist – sie waren immer da, noch bevor irgendetwas anderes da war.

Stellen wir uns vor, dass sie sich irgendwann einmal darüber unterhielten, wie schön es wäre, Dinge zu erschaffen. Was könnten sie tun? Nun, zuerst könnten sie einige Welten erschaffen und sie in den großen leeren Raum um sich herum hängen. Es könnte große Welten geben und kleine und mittelgroße. Sie könnten Sonnen schaffen, die den Welten Wärme und Licht spenden, mit lieblichen kleinen Monden, die in der Nacht ihr Licht verbreiten. Einige Welten könnten einen Mond haben und andere Welten mehrere Monde. So wären sie alle unterschiedlich.

Dann mussten sie entscheiden, wie sie die Welten machen könnten, denn sie wollten alles ganz besonders schön gestalten. Da sollte es Hügel und Flüsse und wunderschöne Bäume und prächtige Blumen geben. Wenn sie lebendige Wesen erschaffen wollten, musste Luft zum Atmen, Wasser zum Trinken und Nahrung zum Essen da sein – notwendige Dinge, um leben zu können.

Was für eine Freude muss es gewesen sein, die lebendigen Wesen zu erschaffen! Nun, da schien es Ideen ohne Ende für all die unterschiedlichen Arten zu geben. Vögel, Fische, Tiere – in allen Gestalten, in allen Formen, in allen Farben. Also planten und planten sie.

Ach ja! Da gab es eine Sache, die bei all diesen Plänen nicht vergessen werden durfte. Für alles, was geschaffen wurde, musste es eine Reihe von Regeln und Gesetzmäßigkeiten geben. Die Welten mussten wissen, wie sie ziehen sollten, da sie sonst zusammenstoßen würden. So ein gewaltiger Zusammenstoß würde eine Explosion verursachen und alles zerstören. Das wäre ein schrecklicher Unfall.

Wenn Gott nicht alles geregelt hätte, würden die Bäume ganz krumm wachsen oder die falschen Früchte hervorbringen. Bei den Tieren könnte alles Mögliche passieren. Sie könnten die falsche Anzahl an Beinen haben, oder ihre Augen könnten an den falschen Stellen wachsen. Die Katzen würden versuchen, wie Fische im Wasser zu leben, und würden ertrinken. Die Kühe würden glauben, fliegen zu können wie die Vögel und würden stürzen und sich alle Knochen brechen. Ihr seht, Gott musste auch eine Ordnung schaffen, in der alle Dinge geregelt sind, sonst würde es zu einer großen Verwirrung und zu endlosen Schwierigkeiten kommen.

Gott hielt es für das Beste, die Dinge so zu schaffen, dass sie nach inneren Gesetzen funktionieren. Das bedeutet, dass alle Dinge wissen, in welcher Form sie wachsen, wo sie leben und was sie essen sollten, ohne dass sie darüber nachdenken müssen. Die Welten bleiben auf ihren richtigen Bahnen und die Lebewesen wissen selbstverständlich, ob sie dafür bestimmt sind, im Wasser oder auf dem Land zu leben. Auf diese Weise würde es nie Probleme geben, und alles würde für immer reibungslos ablaufen.

Dann dachten der Vater und der Sohn sicher darüber nach, wie wunderbar es wäre, jemanden um sich zu haben, der mit ihnen reden könnte und der sie lieben würde und ein ganz besonderer Freund wäre – weit mehr, als es Pflanzen und Tiere sind.

Ich kann mir vorstellen, dass Gott der Sohn eines Tages, während sie eifrig damit beschäftigt waren, Pläne zu schmieden, aufblickte und zu Gott dem Vater sagte: „Vater, lass uns Lebewesen schaffen, die denken können, wie wir es tun. Dann werden sie uns lieb haben und unsere Freunde sein, weil sie es so wollen, nicht weil sie müssen oder nicht anders können."

Gott der Vater unterbrach seine Arbeit und schaute Gott den Sohn an. Auch er hatte schon an so etwas gedacht. Sie mussten sich liebevoll angelächelt haben im Bewusstsein, dass sie immer dieselben Gedanken und Vorstellungen haben.

Dann stelle ich mir vor, wie ihre Gesichter ernst wurden, während sie über ein bestimmtes Problem nachdachten. Vielleicht begann Gott der Vater nach einer Weile zu sprechen. Er pflichtete Gott dem Sohn bei, dass es eine wunderbare Idee sei, Freunde in ihrem himmlischen Zuhause und in all ihren wunderschönen Welten zu haben, die sie liebten – das würde ihre Pläne vollkommen machen. Was für eine Freude wäre das! Aber vielleicht …

Gott schien über etwas so Schreckliches nachzudenken, dass er es kaum ertragen konnte. Ich kann mir vorstellen, dass er die Augen schloss, um dieses furchtbare Bild auszusperren. Aber sie mussten auch diese Sache klären. Also sprachen sie darüber in der wunderschönen Sprache des Himmels.

Wenn sie fortfahren und Wesen erschaffen würden, die für sich selber denken und entscheiden können, würde vielleicht einmal die Zeit kommen, dass sich einige von ihnen dafür entscheiden, die Regeln zu brechen. Was sollte dann geschehen?

Ja, auch der Sohn hatte schon darüber nachgedacht. Gott Vater und Gott Sohn denken immer dieselben Gedanken und stimmen immer überein. Mit ihren lieblichen Stimmen fuhren sie fort, alles genau zu besprechen.

In Wahrheit, so schlussfolgerten sie wahrscheinlich, würde auch nur ein Einziges von diesen Wesen, das sich entschied, die Regeln zu brechen, für alle anderen Bewohner Probleme verursachen und alles verderben.

Ja, das stimmte. Solange auch nur einer Schwierigkeiten machen würde, wäre das ganze friedliche Glück dahin. Was würden sie dann mit diesem Wesen machen? Es vernichten?

Ich bin sicher, dass es Gott bei dieser Vorstellung geschaudert hat, denn der Tod ist für ihn eine fremde Sache. Er will nicht zerstören. Er freut sich einzig und allein daran, Leben zu schenken. Oh, wie könnte er nur eines seiner wunderbaren Kinder vernichten, die er mit seinen eigenen Händen erschaffen hat!

Dem Sohn erging es genauso, denn er würde ja mithelfen, die Wesen zu erschaffen, und sie wären ja auch seine geliebten Kinder. Aber wenn eines von ihnen beschließen würde, die Regeln des Lebens zu brechen, gäbe es keine andere Lösung als zu sterben.

Der Vater stimmte zu. Wenn sich irgendjemand entschiede, sich von der Quelle des Lebens zu entfernen, würde das natürlich mit dem Tod enden. Ohne einer Quelle kann man nämlich nicht überleben. Man verdurstet. So würde es kommen, wenn sich wer von Gott entfernt.

Dann, so scheint es mir, mussten sie innegehalten und darüber nachgedacht haben, ob sie diese wunderschönen Wesen überhaupt erschaffen sollen, wenn sie damit riskieren, alle möglichen Probleme und Sorgen zu bekommen.

Vielleicht begann Gott der Sohn nach kurzer Zeit wieder zu sprechen. Er machte ein Angebot: Wenn sich irgendjemand entscheiden würde, das Gesetz des Lebens zu brechen, und als Folge davon sterben müsste, würde er selbst – der Sohn – an seiner Stelle sterben. Was für ein herzzerreißender Gedanke musste das für den Vater gewesen sein! Sein geliebter Sohn! Wie könnte er es nur zulassen, dass er für etwas leidet und stirbt, was er nicht getan hat! Er liebte ihn doch viel zu sehr.

Dann erinnerten sie sich daran, dass sie beide ihre wunderbaren Kinder so lieben würden, wie sie sich gegenseitig liebten. Wenn der Sohn bereit wäre, seine Liebe darin zu zeigen, dass er sein Leben für sie opfert, würde Gott der Vater seine Liebe zeigen, indem er seinen Sohn als Geschenk für sie hergibt.

So wurde es abgemacht. Gott der Vater und Gott der Sohn reichten sich feierlich die Hände, um ihr Gelübde zu besiegeln.

Nachdem die Sache entschieden war, konnten sie fortfahren, ihre Pläne auszuführen und Dinge zu erschaffen. Ihr seht, Gott ist allwissend und stürzt sich nie in eine Sache, ohne für alle Möglichkeiten Vorkehrungen zu treffen. So kann er nie dabei ertappt werden, nicht zu wissen, was er tut, so wie es bei uns manchmal vorkommt.

Was für eine schöne Zeit erlebten sie nun, als sie all die Dinge schufen, die sie geplant hatten. Wunderschöne Welten, die sie in den großen leeren Raum hängten, mit leuchtenden, lodernden Sonnen und lieblichen Monden. Oh, es war so wunderschön!

Es gab kein Material, aus dem man die Dinge hätte machen können, also mussten sie aus nichts geschaffen werden. Nur Gott kann Dinge erschaffen oder sie aus dem Nichts hervorholen.

Nachdem die Welten fertig waren, schuf er die Wesen, die auf ihnen leben sollten. Ich nehme an, dass er unterschiedliche Wesen schuf, für die verschiedenen Arten von Welten. Wir wissen es nicht. Lasst sie uns einfach auch Menschen nennen. Für sein himmlisches Zuhause schuf er liebliche Wesen, die man Engel nennt. Es muss unterschiedliche Arten von Engeln gegeben haben, denn die Bibel spricht von Seraphinen und Cherubinen.

Alles war vollkommen und wunderschön, und jedes Wesen war glücklich. Alle liebten Gott innig, weil er ihnen das Leben gegeben hatte und ihr Vater war; und Gott liebte sie, weil sie sein persönlicher Schatz waren, wertvolle Kinder, die er selbst gemacht hatte.

„Bis hierher kann ich euch die Geschichte heute Abend erzählen!", sagte Tante Traude. „Morgen Abend erzähle ich euch von einem besonderen Engel – dem lieblichsten Engel von allen."

„Oh, das war eine wunderbare Geschichte, Tante Traude." Paula und Lucas seufzten tief. „Wir wussten bis jetzt nicht, wie die Dinge begonnen haben, und wir können es kaum erwarten, von diesem lieblichsten aller Engel zu hören."

12.

DER LIEBLICHSTE ALLER ENGEL

Gott Vater und Gott Sohn begannen Engel zu erschaffen. Es waren so wunderschöne, leuchtende Geschöpfe, dass sie kaum damit aufhören konnten, so scheint es mir. Sie schufen hunderte, nein, tausende und abertausende von ihnen – schließlich so viele, dass wir sie nie zählen können. Aber die himmlische Heimat war sehr, sehr groß und hatte viel Platz, und ich bin mir sicher, dass Gott keine einsamen, leeren Plätze haben wollte. Außerdem musste es genug Engel geben, welche die Botschaften Gottes zu allen Welten bringen konnten.

Aber während der Zeit, in der sie Engel erschufen, dachte Gott der Sohn vielleicht an etwas ganz Bestimmtes. Wäre es nicht schön, einen ganz besonderen Engel zu erschaffen – einen, der ihr ganz enger Freund wäre?

Ich kann mir vorstellen, wie sie darüber sprachen. Sie könnten ihn zum obersten Engel machen und ihm die Verantwortung über Gesang und Ausbildung und Dinge dieser Art übertragen. Sie könnten einen besonderen Platz einrichten, damit er nahe beim Thron ist. Er könnte die anderen Engel anführen – ihnen ihr bester Freund sein.

So wurde es beschlossen. Sie schufen diesen lieblichsten aller Engel als das höchste der geschaffenen Wesen. Er war größer und schöner als irgendjemand anderer. Er war der Klügste von allen. Wenn er neben

Gottes Thron saß, schien das strahlende Licht auf ihn, sodass er von dem strahlenden Glanz der Herrlichkeit Gottes leuchtete.

Nun stellte sich die Frage, wie man ihn nennen sollte, denn alle Engel hatten einen Namen. Sie entschieden sich, ihn „Lichtträger" zu nennen, denn es war seine Aufgabe, Gottes Botschaften zu den anderen Engeln zu tragen. „Luzifer", so sagen wir in unserer Sprache. Es war ein hinreißender Name für den lieblichsten aller Engel.

Die anderen Engel liebten Luzifer. Ich bin mir sicher, dass sie stolz waren, solch ein prächtiges und herrliches Geschöpf als Anführer zu haben. Sie vertrauten ihm und bewunderten seine Weisheit. Es war ein Vergnügen für sie, seinen Befehlen zu gehorchen, denn er war gütig und freundlich zu ihnen – und wie er singen konnte! Gott hatte ihn mit einer unglaublichen Stimme ausgestattet. Alle Herzen waren entzückt, wenn sie seine wunderbaren Lieder hörten. Wie erfreut waren sie, in einem himmlischen Orchester oder einem himmlischen Chor sein zu können und Luzifer als ihren Chorleiter zu haben, der sie anleitete, himmlische Musik zu machen.

Als Gott Vater und Gott Sohn ihre Schöpfung betrachteten, waren sie sehr zufrieden. Ich liebe es, mir vorzustellen, wie Sonnen, Monde und Sterne sanft summende Geräusche machten, während sie ruhig auf ihren Bahnen durch das All kreisten. In der Ferne konnte man Botenengel sehen, die zu den Bewohnern auf den verschiedenen Welten flogen, um sie zu besuchen. In der himmlischen Heimat sangen die Engel fröhlich, während sie ihre Arbeit verrichteten. Vielleicht versammelten sich unter schattigen Bäumen oder am Ufer des glitzernden Flusses kleine Gruppen, um besondere Musik einzustudieren, die Luzifer ihnen zum Lernen aufgetragen hatte. Überall herrschte Freude und Friede. Zu bestimmten Zeiten kamen alle an einem herrlichen Versammlungsort vor dem Thron Gottes zusammen. Stellen wir uns einmal vor, wie das gewesen sein könnte:

Die Luft füllte sich vom Klang schlagender Flügel, als Myriaden von Engeln, das heißt unzählige von ihnen, aus allen Richtungen herbeigeflogen kamen. Die Botenengel beeilten sich auf ihren langen Reisen, weil sie nicht zu spät kommen wollten. Als die Zeit kam, standen sie alle an dem für sie vorgesehenen Platz, von wo aus sie den Thron Gottes in einer brennenden Flamme goldenen Lichts sehen konnten.

Luzifer hatte sich an seinen besonderen Platz nahe dem Thron Gottes gesetzt, und vor seinen Augen breitete sich die unermessliche Zahl von Engeln aus, alle in einer bestimmten Ordnung, so wie er es ihnen aufgetragen hatte. Ihre goldenen Flügel waren zusammengefaltet, und ihre leuchtenden Augen hingen an ihm und warteten auf das Zeichen, um mit ihrer Musik zu beginnen. Der ganze Himmel schwieg und wartete.

Es war Zeit anzufangen. Luzifer stand von seinem Platz auf und schritt vor die Menge der Engel. Er hob seine Hand, und die Trompeter setzten ihre Instrumente an den Mund. Silberhell brachen die Töne hervor und schienen das ganze Himmelsgewölbe mit dem Ruf zur Anbetung zu durchdringen.

Nachdem das letzte Echo verklungen war, wandte sich Luzifer an die Harfenspieler. Sie legten die Hände an die Instrumente, und auf ein Zeichen zupften ihre Finger die goldenen Saiten. Weiche Melodien schwebten wie duftendes Parfüm durch den Himmel.

Nachdem auch die Töne der Harfen in der Ferne verklungen waren, war alles still. Luzifer drehte sich um und blickte zum Thron. Demütig beugte er sich nieder. „Gepriesener Gott", so betete er, „heute bringen wir dir ein neues Lied als Geschenk. Es ist ein besonderes Lob- und Danklied, um dir zu sagen, dass wir dich lieben. Wir hoffen, dass es dir Freude bereitet."

Noch einmal drehte er sich zum himmlischen Chor. Er hob beide Arme, um den Einsatz zu geben. Dann begann das Lied – zuerst sanft, dann immer lauter. Sie sangen hier, sie sangen dort, sie sangen von vorne und sie sangen von hinten, sie antworteten einander, während Luzifer ihnen die Einsätze gab. Oh, es war wunderschön anzuhören! Solch eine Musik können wir uns einfach nicht vorstellen. Schließlich hob er seine Hände in die Höhe, und die Trompeten und die Harfen und die Sänger stimmten alle gemeinsam ein in ein großartiges Finale, das die Gewölbe des Himmels erzittern ließ.

Nachdem die Musik verklungen war, blickten alle Augen nach oben, um zu sehen, ob das neue Lied Gott erfreut hatte. Ich kann mir das liebe Lächeln auf dem Gesicht von Gott dem Sohn vorstellen, als er seine Engel-Kinder anstrahlte.

„Euer neues Lied ist überwältigend schön. Es ist das beste Lied, das ihr je gesungen habt, und es hat mich sehr erfreut."

Bei diesen Worten waren die Engel so entzückt, dass sie das Lied eine Tonlage höher noch einmal anstimmten. Als sie fertig waren, sprach die Stimme von Gott dem Vater aus dem flammenden Licht, das seinen Thron umgab: „Ihr seid meine geliebten Kinder, und ich danke euch für das Geschenk dieses wundervollen Liedes. Ich habe mich sehr gefreut." Dann segnete er sie.

Als sie diese Worte von Gott vernahmen, zersprangen die Herzen der Engel beinahe vor Freude. Gemeinsam beugten sie sich vor ihm und beteten ihren großen Schöpfer an.

So endete die Geschichte.

„Oh, Tante Traude!", seufzte Paula. „Du hast die himmlische Musik so lebendig beschrieben. Wie wunderschön muss das gewesen sein!"

„Ja, Paula, die Bibel sagt, dass es schöner ist, als wir es uns je vorstellen können. Die besten Geschichten, die wir uns ausdenken, können mit der Wirklichkeit nicht mithalten."

„Was wirst du uns morgen Abend erzählen?", wollte Lucas wissen.

„Nun, morgen Abend werde ich euch darüber berichten, was geschah, als Luzifer hinsichtlich eines göttlichen Geheimnisses zu neugierig wurde." Dann lachte sie. „Werdet heute Abend ja nicht von zu großer Neugierde geplagt, denn für heute ist Schluss."

So gingen sie an jenem Abend schlafen.

13.

LUZIFER ENTDECKT SEINE SCHÖNHEIT

Einmal, so wollen wir es uns vorstellen, nachdem Luzifer seine Arbeit mit den Engeln beendet hatte, setzte er sich in die Nähe von Gottes Thron, so wie er es immer tat. Vielleicht kam er gerade in einem Moment, in dem sich Gott Vater und Gott Sohn zueinander beugten und eifrig über etwas sprachen, sodass sie kaum von Luzifers Eintreffen Notiz zu nehmen schienen. Als er sich niedersetzte, hörten sie auf, miteinander zu reden, und begrüßten ihn erfreut. Vielleicht dachte Luzifer, dass sie irgendeine Aufgabe für ihn geplant hatten, und er erwartete, dass sie sich jeden Augenblick umdrehen, um es ihm zu sagen. Aber sie sprachen kein Wort mit ihm über irgendeine besondere Sache.

Je mehr er darüber nachdachte, desto neugieriger wurde er. Was hatten die beiden wohl besprochen? Er wunderte sich so sehr darüber, dass er nach einer Weile kaum mehr über etwas anderes nachdenken konnte. „Warum hat Gott dem Sohn etwas gesagt, was er mir nicht auch mitteilt?", fragte er sich selbst. „Ich sitze neben ihnen, und es ist nicht fair, dass sie ein Geheimnis vor mir haben. Wenn ich für Gott so wichtig bin, dass er mich auf eine Seite seines großen Thrones setzt, so wie den Thron des Sohnes, warum erzählt er mir dann nicht alles, was er dem Sohn mitteilt?" Von da an begann er auf den Sohn eifersüchtig zu werden.

Ich kann mir vorstellen, dass ihn solches Selbstmitleid überkam, dass er sich entschied, einen Spaziergang entlang des glitzernden Flusses zu machen. Fast kann ich ihn sehen, wie er da mit hängendem Kopf dahinmarschierte und irgendwelchen traurigen Gedanken nachhing.

Nehmen wir an, dass er zu einem ruhigen Wasserbecken kam und eine Weile anhielt, um die herrlichen Spiegelungen des Wassers zu bewundern. Nach einer Weile bemerkte er etwas Besonderes. Er erblickte sein eigenes Spiegelbild im Wasser. Wie schön er doch war!

Nun, ich bin mir sicher, dass Luzifer sein Spiegelbild schon viele Male zuvor gesehen hatte, aber er hat es nie wirklich beachtet. Er war viel zu beschäftigt gewesen, sich neue Lieder auszudenken, die er den Engeln beibringen konnte, und Dinge zu planen, mit denen er und die Engel Gott eine Freude machen konnten. Außerdem war alles und jeder im Himmel und auf den verschiedenen Welten so liebenswert, dass niemand daran dachte, Vergleiche anzustellen – ob dieses oder jenes schöner wäre als das andere. Alle waren zufrieden und glücklich mit sich selbst und miteinander.

Aber an jenem besonderen Tag dachte Luzifer an sich selbst, und deshalb fiel ihm auch sein Spiegelbild auf. Wir können uns vorstellen, was er dachte, als er sich so im Wasserbecken betrachtete. „Noch nie ist mir aufgefallen, wie schön ich eigentlich bin!"

Bei diesen Worten lächelte er und richtete sich ein Stück weiter auf, und schon sah er gleich noch viel schöner aus. Er bewegte den Kopf zuerst auf die eine, dann auf die andere Seite, glättete seine Flügel ein wenig und gab seinem Haar eine andere Form. Dann betrachtete er sein Spiegelbild noch genauer. „Ich bin ja viel schöner als all die anderen Engel! Viel, viel schöner! Ist es nicht eigenartig, dass mir das nicht schon früher aufgefallen ist?"

Luzifer war über sich selbst so erfreut, dass er fröhlich weiterging. Er ließ den Kopf nicht mehr hängen. Oh nein! Mit stolzem und hoch erhobenem Haupt ging er weiter.

„Oh nein!", dachte er plötzlich. „Ich war so lange am Wasser, dass ich vielleicht zu spät komme. Der Vater hat für mich vielleicht eine

Botschaft an die Engel, wenn wir dieses Lied für die Versammlung üben. Ich will mich beeilen!" Mit diesen Worten breitete er seine Flügel aus und flog den restlichen Weg zurück. Von jetzt an fühlte er sich so glücklich, dass ihm die Erinnerung an Gottes Geheimnis nichts ausmachte, als er sich auf seinen Platz nahe dem Thron niederließ.

Als die Anbetungszeit kam, standen Tausende und Abertausende von Engeln wie üblich an ihren zugewiesenen Plätzen. Ihre Augen waren auf ihren großartigen Leiter gerichtet, und sie warteten auf den Einsatz, um mit der Musik zu beginnen. Luzifer schritt zu seinem Platz. Er hob seine Hand und das Lied ertönte in großer Herrlichkeit. Die Trompeter bliesen und die Harfenspieler zupften. Unter dem Einfluss der göttlichen Harmonie schmolz sein Herz dahin. Er wurde von einer Welle der Zuneigung zu Gott überflutet und von Liebe erfüllt.

Luzifer hob seine Hand, und Ruhe trat ein. Die Engel beobachteten ihn aufmerksam, als er sich langsam umwandte und zum Thron blickte. Sie sahen ihn, wie er seinen Kopf beugte, als würde er anbeten. Dann hob sich sein edles Haupt. Als die Menge der Engel in fragender Stille wartete, begann ihr geliebter Luzifer zu singen. Solch einen Gesang hatten selbst die Engel im Himmel noch nie zuvor gehört. Sie waren gebannt von der zauberhaften Schönheit dieser seltenen Stimme, die Gott nur für seinen lieblichsten Engel geschaffen hatte.

Gott lehnte sich auf seinem Thron ein Stück nach vorne, um zu lauschen. Es war ein Lied des Lobpreises und der Dankbarkeit, und Gott freute sich, als er es hörte.

Verzückt begannen die Engel Luzifers Gesang leise summend zu begleiten. Schließlich stimmten sie in die Begeisterung der Anbetung ein und erhoben ihre Stimmen, die wie eine Wolke von Weihrauch bis vor den goldenen Thron stieg.

Gott antwortete ihnen. Seine Stimme war wie die Musik von vielen Flüssen, die über sie hinwegströmten.

Dann sangen sie alle zusammen – Luzifer, die Menge der Engel und Gott – voller Freude, so dass der Gesang bis an die Enden der Himmel zu hören war.

Ich stelle mir vor, dass etwas von dieser herrlichen Musik das Weltall durchflutete und von den Bewohnern der anderen Welten gehört werden konnte. Als sie hinaufschauten und zuhörten, wussten sie bestimmt, dass im Himmel gerade Anbetungszeit war. Vielleicht fielen auch sie mit ihren Stimmen in die freudigen Lieder und dankbaren Gebete ein.

Nachdem das himmlische Lied verklungen war, streckte Gott seine Hände aus und segnete die vor ihm knienden Engel. In jedem Herzen war nur Friede und Freude, selbst im Herzen von Luzifer, dem schönsten aller Engel.

Paula seufzte lange. „Oh-h-h-h! Ich kann mir das jetzt ein wenig vorstellen, wie schön das gewesen war. Ich hab jetzt richtig eine Gänsehaut bekommen."

Tante Traude lächelte. Sie war aber auch ein wenig traurig, als sie an die Fortsetzung der Geschichte dachte.

Als Lucas wissen wollte, wie es nun genau weiterging, sagte sie: „Morgen erzähle ich euch die Geschichte weiter. Da geht es darum, dass Luzifer immer weiter Fragen stellte. In Wahrheit aber ging es aber immer nur um die eine Frage – ‚Warum?'"

14.

LUZIFER FRAGT WARUM

Die Zeit verstrich, und alles in Gottes großartigem Universum war glücklich, genau so, wie er es gewollt hatte. Die Welten zogen auf den ihnen zugedachten Bahnen, und ihre Bewohner waren mit ihren lieblichen Blumengärten beschäftigt.

Im Himmel arbeiteten die Engel freudig an ihren jeweiligen Aufgaben. Die Botenengel waren eifrig damit beschäftigt, hin und her zu fliegen, die unterschiedlichen Welten zu besuchen und Botschaften zu überbringen. Vielleicht flogen die Trompeter von Zeit zu Zeit auf die Spitzen der grünen Hügel, bliesen einander laut zu und erfreuten sich an dem hin- und herschallenden Echo. In den Tälern schauten die Bewohner von ihrer Arbeit auf und lächelten über die Fröhlichkeit der Trompeter.

Sicher gab es Zeiten, in denen Gott der Sohn von seinem goldenen Thron herabstieg und durch den Himmel schritt, um seine Engel-Kinder zu besuchen. Während er hier und da verweilte und ihnen bei der Arbeit oder ihrem Studium zusah, lächelte er ihnen liebevoll zu.

Mit einer Stimme, die wie wunderschöne Musik klang, lobte er ihre Arbeit. „Du machst deine Arbeit gut, mein geliebtes Kind. Ich bin glücklich und erfreut."

Jeder Engel war so begeistert, dass Gott ihn besucht und seine Arbeit gelobt hatte, dass er die Hände faltete, den Kopf beugte und sagte:

„Danke Gott! Wir arbeiten gerne für dich, denn du bist so gut zu uns. Wir beten dich von ganzem Herzen an."

Dann legte Gott seine Hand sanft auf den Kopf des Engels. „Ich liebe dich auch, mehr als du dir vorstellen kannst. Ich habe dich mit meinen eigenen Händen gemacht, und du bist mein wertvolles Engel-Kind."

Während Gott der Sohn weiterging, füllte sich sein Herz mit Glück, weil alle seine Engel-Kinder freudig singend ihre Arbeit verrichteten. Überall herrschte nur Freude, Freude und nochmals Freude. Überall, außer an einem kleinen Ort, und dieser kleine Ort war Luzifers Herz.

Fast schon hatte er vergessen, wie gekränkt er war, als er Gott den Vater mit Gott dem Sohn ein Geheimnis besprechen sah. Ab und zu dachte er wieder daran, aber ich denke, er merkte, wie dumm es von ihm war, solche Gedanken zu hegen.

„Eigentlich behandeln sie mich so gut wie immer", sagte er vielleicht zu sich selbst. „In Wahrheit glaube ich, dass sie sich sogar mehr als sonst bemühen, mich gut zu behandeln. Ich sollte wirklich nicht erwarten, dass sie mir alles sagen – solange sie nicht dazu bereit sind." Dann lächelte er vielleicht etwas reumütig, als er dachte: „Ich habe ihnen ja auch nicht alle meine Geheimnisse erzählt."

Ich stelle mir vor, dass Luzifer wieder einmal an den Ufern des glitzernden Flusses spazierte. Wieder hielt er an dem ruhigen Wasserbecken an. Er sah sein Spiegelbild, schön wie immer, und betrachtete sich eine Weile selbst. „Es scheint, dass ich noch schöner bin als zuvor", dachte er sich wohl.

Dann setzte er sich unter einen nahe gelegenen Baum und lehnte sich zurück. „Ich frage mich, warum mich Gott schöner gemacht hat als die anderen Engel." Er sah sich an. „Ja, und ein helleres Licht scheint um mich herum – viel heller als bei irgendjemand anders. Ich frage mich, warum?"

Er legte seine Hand an seine Kehle. „Meine Stimme! Wenn ich den Engeln die Lieder beibringe, können sie nicht alles lernen, was ich kann. Meine Stimme ist viel besser als irgendeine andere Stimme im Himmel." Der Gedanke an den Unterricht der Engel führte Luzifer zu einer weiteren Frage.

„Warum hat Gott mich gebeten, so viele Klassen zu unterrichten? Warum macht er es nicht selbst? Der einzige Grund kann nur der sein, dass ich viel weiser als alle anderen bin."

Diese Vorstellung ließ ihn auf seine Beine springen. Er war völlig aufgeregt. „Natürlich! Warum ist mir das nicht schon früher aufgefallen? Es ist doch so deutlich. Ich bin das beste und schönste Geschöpf in Gottes großem Universum und der Klügste! Vielleicht bin ich sogar genauso klug wie – so klug wie …" Er schloss die Augen und schüttelte den Kopf. Nein, er getraute es sich nicht einmal zu sich selbst zu sagen.

Von jetzt an fühlte Luzifer sich sehr wichtig. Langsam und vornehm schritt er den Weg entlang, der zum Thron führte. Er hoffte, dass ihn viele Engel sehen und bewundern würden.

Sie bewunderten ihn wirklich. Alle liebten ihn und waren stolz, einen so herrlichen Engel als Lehrer und Anführer zu haben. Aber es kam ihnen nie in den Sinn, neidig auf ihn zu sein, so wie er nun diesen Neid gegenüber dem Sohn Gottes empfand.

Nach einer Weile kam Luzifer in Sichtweite des prächtigen Throns. Er hielt an, um ihn genauer zu betrachten. In der Mitte war Gott der Vater, umgeben von ewigem Licht. Zu seiner Rechten saß Gott der Sohn und zur Linken war sein Platz. „Mein Platz ist neben Gottes Thron, genau wie der Platz des Sohns. Ich sehe nicht ein, warum Gott ihn mir vorzieht", ärgerte er sich insgeheim. „Es ist wahr", gab er zu. „Ich habe die beiden seit diesem einem Mal nicht mehr vertraulich miteinander sprechen sehen. Aber wer weiß? Vielleicht passen sie einfach nur besser auf, dass ich sie nicht sehen kann und besprechen Geheimnisse immer dann, wenn ich unterwegs bin." Mit seiner stolzen Selbstverherrlichung hatte sich alles in ihm in ein Gefühl der Eifersucht verwandelt, als er seinen Platz nahe dem Thron Gottes erreichte.

Als der Sohn Luzifer kommen sah, begrüßte er ihn freudig. Sie hatten etwas Neues geplant, das er den Engeln beibringen könnte, und er wollte es Luzifer erzählen. Er lächelte so freundlich, dass Luzifers finsterer Gesichtsausdruck zu einem schwachen Lächeln voller Groll über sich selbst dahinschmolz.

Während Gott der Sohn die neue Idee erklärte, begann sich Luzifer wieder gut zu fühlen, weil er erkannte, wie wichtig er für Gott war und wie sehr Gott ihm vertraute und ihn liebte.

Zur Anbetungszeit leitete Luzifer den Gesang, so wie er es immer tat. Aber als er sich umdrehte, um Gottes Segen zu hören, stieg ein Gefühl von Groll in ihm hoch, weil sein Platz nahe dem Thron leer war. Warum konnte er nicht dort oben sein? Warum konnten sich die Engel nicht auch vor ihm verbeugen? Warum musste er hier unten sein und sich mit den anderen vor Gott verbeugen, wenn er doch um so vieles besser war als sie?

Natürlich zeigte er seine Gefühle nicht – auch nicht einen Funken davon. Er sang und betete und beugte sich tief mit den anderen Engeln. Aber diesmal war keine Liebe in seinem Herzen. Neid und Eifersucht beherrschten ihn.

Als die Geschichte zu Ende war, hatte Paula eine Frage auf dem Herzen.

„Tante Traude, ist es falsch, ‚warum‘ zu fragen?"

„Nicht immer, Liebling. Viele Dinge können richtig oder falsch sein, je nachdem, wie wir sie verwenden oder meinen. Stell dir vor, niemand hätte sich je gewundert, wie Dinge funktionieren, oder hätte versucht, es herauszufinden. Wir hätten nie etwas gelernt. Und wir würden kein elektrisches Licht haben oder Telefon oder Autos ..."

„Wir hätten einfach gar nichts, Tante Traude!", rief Lucas dazwischen.

„Das ist richtig, Lucas. Stellt euch vor, ein kleines Kind krabbelt herum und möchte mit dem schönen Feuer im Ofen spielen. Wenn die Mama nein sagt, schlägt das Kind um sich und schreit und möchte wissen, warum. Es ist fest entschlossen, mit dem Feuer zu spielen. Das kleine Kind kann nicht verstehen, dass die Mutter ihm zu erklären versucht, dass es sich verbrennen kann. Es hätte der Weisheit der Mutter vertrauen und gehorchen sollen, ohne rebellisch ‚warum' zu fragen."

Paula hatte eine andere Frage. „Denkst du, dass Gott bereit gewesen wäre, Luzifer alles zu erklären, wenn er ihn nur gefragt hätte?"

„Ja, wenn Luzifer mit der richtigen Einstellung gefragt hätte. Gott ist noch klüger und gerechter als unsere lieben Eltern, also hätte er gewusst, wie viel er hätte erklären können und wie viel Wissen und Erkenntnis für jeden gut gewesen wäre. Wir dürfen nicht vergessen, dass er uns liebt. Darum sollten wir ihm völlig vertrauen."

„Danke, Tante Traude. Ich frage oft ‚warum'. Ich will versuchen, auf die richtige Art und Weise zu fragen."

„Schlaft jetzt gut, Kinder. Morgen Abend werde ich euch davon erzählen, wie Luzifer mit seinem Geheimnis umgegangen ist."

15.
LUZIFER MACHT SCHWIERIGKEITEN

Manchmal war Luzifer wirklich glücklich, aber von Zeit zu Zeit fühlte er sich auch hasserfüllt und gemein. Er verstand seine Gefühle nicht und war sehr verwirrt. Seitdem der Gedanke in ihm entstanden war, dass er es verdiente, genauso wie Gott der Sohn behandelt zu werden, weigerte er sich, mit irgendetwas Geringerem zufrieden zu sein. Es schien ihm, als würde Gott ihn nicht gerecht behandeln. Also entschloss er sich, die Sache selbst in die Hand zu nehmen. Er begann an seinem Plan zu arbeiten. Stellen wir uns vor, dass er zuerst einmal zu einem Engel kam, der in der Ecke eines lieblichen Gartens auf seiner Harfe übte.

„Das ist ein schönes Stück, das du da spielst!", sagte Luzifer mit seinem gewinnenden Lächeln. „Du spielst auch außergewöhnlich gut."

„Oh, vielen Dank!", antwortete der Engel erfreut. Er fühlte sich geschmeichelt, weil ihn der großartige Luzifer bemerkt und gelobt hatte. Bewundernd blickte er ihn an. „Es muss ja ein herrliches Stück sein, denn du hast es selber geschrieben. Aber da gibt es eine schwierige Stelle, die mir noch ein wenig Probleme bereitet."

„Oh, das tut mir leid", sagte Luzifer. „Komm, ich werde dir dabei helfen!" Er zeigte dem Engel, wie er spielen musste.

„Jetzt ist es einfach! Wie schön es klingt! Vielen, vielen Dank!"

„Vergiss nicht, du kannst immer zu mir kommen, wenn du Hilfe oder Rat brauchst", antwortete Luzifer. „Bist du mit deiner Arbeit glücklich?"

„Oh ja! Wir Engel sind so glücklich, wie man es nur sein kann. Wie könnten wir unglücklich sein, wo wir von Gott und dir doch so viel Gutes bekommen! Und du? – Du musst unglaublich glücklich sein, neben Gottes Thron zu sitzen."

„Nun ja …" Luzifer überlegte sorgfältig, wie er antworten sollte. „Es wäre perfekt – wenn sie meine Rechte nicht in einem kleinen Punkt übersehen hätten."

„Oh, das kann doch nicht möglich sein!", rief der Engel verwundert aus. „Gott macht keine Fehler. Vielleicht kannst du seinen Plan nur jetzt noch nicht verstehen. Aber ich bin mir sicher, dass es für dich gut ausgehen wird."

„Nun, natürlich, natürlich", stimmte Luzifer schnell zu. „Es war dumm von mir, ein wenig ungeduldig zu werden, und ich bin so froh, dass du mich daran erinnert hast. Vergiss einfach, dass ich es überhaupt erwähnt habe. Ach ja, noch etwas", fügte er hinzu, als er sich zum Gehen wandte. „Wie wäre es, wenn du bei einer unserer Versammlungen ein Solo spieltest, wenn du das Stück gelernt hast?"

„Ich würde mich sehr geehrt fühlen. Denkst du, dass ich es gut machen könnte?"

Stellen wir uns vor, dass Luzifer als Nächstes auf die Spitze eines Hügels schwebte, wo er einen Engel entdeckte, der dort alleine saß. Nachdem er den Engel freundlich begrüßt hatte, fragte er: „Was machst du hier oben ganz alleine?"

„Ich erwarte jeden Augenblick ein paar Freunde. Wir möchten gemeinsam einige Dinge einstudieren, die du uns beigebracht hast, und sie üben. Weißt du, wir Engel denken, dass es einfach wunderbar ist, dass du dir Zeit nimmst, uns zu unterrichten, wo du doch stattdessen auf deinem herrlichen Thron neben Gott sitzen und seine Gesellschaft genießen könntest."

„Danke. Es ist nett von dir, so etwas zu sagen. Aber in Wahrheit bin ich viel lieber bei euch Engeln." Mit leichtem Stirnrunzeln fuhr Luzifer vorsichtig fort: „Du kannst das natürlich nicht verstehen, aber dort oben neben Gottes Thron zu sein ist nicht immer so einfach, wie du vielleicht denkst. Weißt du, ich habe das Gefühl, dass sie mir nicht alle Rechte gegeben haben, die mir eigentlich zustehen."

„Es tut mir leid, das zu hören, Luzifer", sagte der Engel verständnisvoll. „Mit all der Verantwortung, die du trägst, und der vielen Arbeit, die du hast ... Aber ich bin mir sicher, dass sich mit der Zeit alles klären wird."

„Ich hoffe, du hast recht, aber manchmal bezweifle ich es", antwortete Luzifer voller Selbstmitleid.

Dann flog er vielleicht in ein Tal hinunter, wo er einen anderen Engel traf, der die Blumen pflegte. Er grüßte ihn freundlich. „Was für eine herrliche Arbeit du hast! Du bist einer meiner Schüler im Botanikkurs! Kannst du jede Blume in deinem Garten richtig benennen?"

Der Engel konnte es. „Gut", lachte Luzifer leise, „du bekommst eine sehr gute Note auf diesen Test. Du bist ein guter Schüler."

„Ich habe auch einen sehr guten Lehrer", entgegnete der Engel mit Bewunderung.

Luzifer machte ein langes Gesicht und seufzte. „Manchmal denke ich, es wäre besser, mit euch zu tauschen. Einige der Engel haben eine Andeutung gemacht, dass sie denken, dass Gott mir gegenüber unfair ist."

Ein fragender Blick breitete sich über das Gesicht des Engels aus. „Ich habe noch nie jemanden so von Gott sprechen hören", sagte er.

„Oh nein, natürlich nicht", beeilte sich Luzifer zu erklären. „Ich sagte ihnen, dass es falsch wäre, so zu sprechen. Wir müssen Gott gegenüber treu sein, selbst wenn es stimmen würde, dass er manche Dinge verbessern müsste. Ich muss mich aber jetzt beeilen. Ich bin froh, dass wenigstens einige von uns vollkommen glücklich sein können!", rief er zurück, als er sich auf den Weg machte.

Der Engel blickte ihm mit verwirrtem Gesichtsausdruck nach. „Was könnte Luzifer nur gemeint haben?", dachte er.

So besuchte Luzifer Engel um Engel. Er gab sich große Mühe, ihr Denken zu verwirren und herauszufinden, wer von ihnen sich auf seine Seite schlagen würde.

Stellen wir uns vor, was in dieser Zeit im Thronsaal vor sich ging. Ich denke, dass sich Gott der Vater mit sorgenvoller Stimme an Gott den Sohn wandte. Er war sich sicher, dass der Sohn bemerkt hatte, dass Luzifer nicht mehr so viel Zeit mit ihnen verbrachte, wie er es gewöhnlich tat. Der Sohn nickte. Ja, er hatte es bemerkt.

„Du kennst den Grund", sagte der Vater.

Sie sahen einander an und jeder von ihnen wusste, was der andere dachte. Es war passiert – die Sache, von der sie gewusst hatten, dass sie geschehen könnte, wenn sie Wesen erschufen, die sich frei entscheiden können, ob sie den Regeln gehorchen oder nicht.

Ein Ausdruck von tiefem Kummer legte sich auf das Gesicht des Sohnes. Er stützte den Kopf in seine Hand. Oh, warum musste es gerade Luzifer sein? Ihr geliebter Luzifer! Der, den sie so edel und weise wie möglich gemacht hatten, damit er ihr besonderer Freund sein könnte. Sie hatten ihm sogar einen Platz nahe dem Thron Gottes zugewiesen!

Der Sohn stieg von seinem Thron, um den Engeln einen Besuch abzustatten, so wie er es immer tat. Er wollte ihnen versichern, dass sich Gott nicht geändert hatte und sie wie immer liebte.

Als der Sohn von seinem Besuch bei den Engeln zurückkehrte, erstattete er dem Vater Bericht. Es schien, als hätten Luzifers Andeutungen über Gottes Ungerechtigkeit einige der Engel verwirrt. Sie vertrauten Gott und sie vertrauten Luzifer, also wussten sie nicht, was sie denken sollten.

„Also gut!", sagte Gott der Vater. „Wir müssen uns einen Plan überlegen, wie sie die Wahrheit erfahren können, und müssen jedem die Chance einräumen, für sich selbst zu entscheiden."

„Außerdem müssen wir fortfahren, ihnen unsere Liebe zu zeigen, und ihnen auf jede nur mögliche Weise helfen, die richtige Entscheidung zu treffen", fügte der Sohn hinzu.

So wurde es beschlossen. Sie setzten sich und überlegten, was zu tun sei.

Nachdem Tante Traude die Geschichte beendet hatte, blickte Paula sehr nachdenklich drein.

„Als wir auf Großvaters Bauernhof waren, hatten wir einen heftigen Streit mit unseren Cousins. Großvater sagte, dass alle Probleme auf dieser Welt entstanden seien, weil eine Person dachte, dass sie wichtiger sei als alle anderen. Denkst du, dass er die Person gemeint hat, von der du uns erzählst?"

„Ja, ich bin mir sicher, er hat diese Person gemeint, Paula. Denn da haben alle Probleme begonnen."

„Du hättest hören sollen, worüber wir uns stritten, Tante Traude!", fiel Lucas ein. „Nur darüber, wessen Hund netter und wichtiger ist!"

Tante Traude lachte. „Nun, die meisten Streitigkeiten beginnen wegen einer kleinen, dummen Sache. Das ist der Jammer daran. Jetzt aber zu morgen Abend. Um die Verwirrung unter den Engeln zu beenden, musste Gott sein Geheimnis lüften."

16.

GOTT BERUFT EIN BESONDERES TREFFEN EIN

„Schnell! Schnell!", rief der Engel, der am Tor wartete.

„Warum bist du so aufgeregt?", fragte der Botenengel. Er kam gerade von einem Besuch aus einer der anderen Welten zurück.

„Wir sollen so schnell wie möglich zu einer großen Versammlung zusammenkommen", erklärte der erste Engel, als er den Botenengel zur Eile antrieb.

„Eine Versammlung? Warum? Das ist nicht die übliche Zeit für eine Versammlung. Was ist hier los?"

„Ich habe nicht die leiseste Ahnung", antwortete der andere. „Ich weiß nur, dass Gott eine Versammlung zu dieser bestimmten Zeit einberufen hat, mit der Aufforderung, dass jeder Engel im ganzen Universum anwesend sein soll. Niemand soll sich von irgendetwas abhalten lassen." Nun, das genügte, um die Neugier eines jeden Engels zu erregen.

„Das klingt nach etwas Besonderem. Es muss sehr wichtig sein", bemerkte der Botenengel.

„Ja, darum habe ich dich auch am Tor erwartet. Ein Engel wurde zu jedem der himmlischen Tore gesandt, um nach euch Boten Ausschau zu halten und euch mitzuteilen, dass ihr zu dem Treffen eilen und euch nicht verspäten sollt."

Inzwischen waren sie anderen Engeln begegnet. Sie kamen aus allen Richtungen, bis der Himmel voller Engel und die Luft mit dem Rauschen ihrer Flügel erfüllt war.

In der gewaltigen Arena herrschte eine Stimmung unterdrückter Aufregung, als die Myriaden von Engeln ihre Plätze einnahmen. Jeder fragte seinen Nachbarn, ob er wisse, warum sie von ihrer Arbeit und ihrem Studium gerufen worden waren. Der Klang ihrer Stimmen stieg an wie das Rauschen des Meeres an einem Sommertag. Dann legte sich plötzliche Stille wie eine große Welle über die gewaltig große Versammlung. Jedes Auge blickte zum Thron. Das Flammenlicht, das den Platz von Gott dem Vater umgab, bewegte sich. Ah! Der Vater selbst begann zu sprechen! Es musste von großer Wichtigkeit sein. Jeder Zuhörer beugte sich mit gespannter Neugier nach vorne.

Die Stimme Gottes ertönte aus der feurigen Wolke, die ihn umgab. Diese besondere Versammlung, so sprach er, wolle er als Gelegenheit benutzen, jemandem Ehre zu verleihen. Außerdem wolle er die Möglichkeit nutzen, einen Plan zu verkünden, der bis jetzt ein königliches Geheimnis war.

Ein Geheimnis! Luzifers Herz musste bei diesen Worten einen Sprung gemacht haben! Seine Gedanken schwirrten aufgeregt umher.

„Ein Geheimnis!", dachte er bei sich selbst. „Das muss das Geheimnis sein, das sie besprochen haben, als ich sie miteinander reden sah. Es klingt so, als wollten sie mir Ehre erweisen, so wie ich es verdient habe. Jetzt ist die Zeit da. Aber eigentlich hätte ich wissen müssen, dass Gott zur gegebenen Zeit das Richtige mit mir tun wird. Er ist Gott und schlussendlich weiß er, was zu tun ist." Dann blickte er um sich. „Aber warum lassen sie mich hier bei den niedrigeren Engeln sitzen? Es würde viel besser aussehen, wenn sie mich nach oben rufen würden, damit ich meine Ehrung entgegennehmen kann. Dann könnten mich alle Engel sehen, wie ich vornehm zu meinem Thron schreite."

Mit selbstgefälligem Lächeln lehnte er sich zurück und stellte sich vor, wie es sein würde, wenn ihn Gott nun rufen würde.

Während diese Gedanken durch Luzifers Kopf gingen, hatte der Vater den Sohn zu sich gerufen, damit er im Beisein aller Engel in seiner Nähe sein könne.

Wieder war die Stimme von Gott dem Vater zu hören. Diese Versammlung, so sprach er, habe er einberufen, um den Rang seines Sohnes für immer klarzustellen.

„Der Sohn war mit mir auf dem Thron, bevor auch nur einer von euch Engeln geschaffen wurde", verkündete Gott. „Er ist in jeder Hinsicht mir gleichwertig. Die Gegenwart von Gott dem Sohn ist die gleiche, wie die von Gott dem Vater. Dem Sohn wurde die vollständige Macht verliehen, die himmlischen Heerscharen zu regieren."

Ich kann mir vorstellen, dass Luzifer ein wenig unruhig zu werden begann und überlegte, wann Gott aufhören werde, über den Sohn zu sprechen, um nun zu ihm, dem wunderbaren Engel, zu kommen. Aber horch! Der Vater fing an, über das königliche Geheimnis zu sprechen, das Luzifer so lange Zeit beschäftigt hatte. Er lehnte sich vor, um nur ja kein Wort zu verpassen.

„Der Sohn wird auch in Zukunft gemeinsam mit mir arbeiten, so wie er es in der Vergangenheit getan hat", fuhr die Stimme Gottes fort. „Er wird nichts für sich selbst tun, sondern meinen Willen und meine Absichten ausführen. Ihr sollt euch immer sicher sein, dass das, was Gott der Sohn tut, der Wille des Vaters ist, und was auch immer von Gott dem Vater gesagt oder getan wird, der Wille des Sohnes ist."

Nach einer Pause machte Gott die Ankündigung: „Wir haben vor, eine weitere neue Welt zu erschaffen."[9]

Als sie diese Worte hörten, klatschten die Engel und stießen Freudenrufe aus. Gott war von ihrer Begeisterung angetan und fuhr fort zu erklären, dass sein Plan für eine neue Schöpfung von Gott dem Sohn ausgeführt werde. Die Engel würden das Vergnügen haben, sich mit den Menschen dieser neuen Welt zu treffen.

Während dieser ganzen Zeit waren Luzifers Gefühle immer bedrückender geworden. Er war bitter enttäuscht. Gott hatte ihm nicht die Ehre erwiesen, die er sich gewünscht und erwartet hatte. Gott hatte nicht einmal seinen Namen erwähnt. Eine Welle hasserfüllter Eifersucht brach über ihn herein: „Ich weiß jetzt, dass er keine Absicht hat, mir die Ehre zu erweisen, die mir gebührt. Der einzige Weg, meinen rechtmäßigen Platz zu erreichen, ist, selbst etwas zu unternehmen."

Plötzlich wurde Luzifer aus seinen bösen Gedanken herausgerissen, als er bemerkte, dass Gott der Vater seine Rede beendet hatte. Die Engel riefen: „Ehre, Halleluja! Preis und Ehre Gott dem Sohn!"

Eilig begann Luzifer mit den anderen mitzurufen. Er wollte nicht, dass irgendjemand bemerkte, was er dachte und fühlte. Als sich alle Engel erhoben, um zur Ehre von Gott dem Sohn Lieder voll freudiger Anbetung zu singen, stand Luzifer aufrechter als die anderen und sang lauter als irgendjemand von ihnen, und als sie alle ihre Knie beugten, um den Sohn als ihren großen Schöpfer anzubeten, beugte sich Luzifer mit ihnen. Aber sein Herz war mit Neid und dunkelstem Hass erfüllt.

Als Tante Traude ihre Geschichte beendet hatte, war Lucas aufgeregt.

„Ich kann es kaum erwarten, von der neuen Welt zu hören, die Gott erschaffen wird", sagte er. „Wird er es gleich anschließend machen?"

„Nein", antwortete Tante Traude. „Es tut mir leid, sagen zu müssen, dass Gott seine Pläne verschieben musste. Zweifelsohne entschied er, dass es besser wäre, nichts Neues zu erschaffen, bis sich das Problem mit seinem obersten Engel geklärt hatte."

„Teilte es Gott den Engeln immer mit, wenn er etwas Neues machen wollte?", fragte Paula.

„Ich weiß es nicht, Liebes", antwortete Tante Traude. „Vielleicht hatte er sogar vor, es geheim zu halten und die neue Welt als Überraschung zu erschaffen. Aber seitdem Luzifer verärgert darüber war, dass er von Gottes geheimen Plänen ausgeschlossen blieb, entschieden Vater und Sohn, dass es besser wäre, ihren Plan zu verkünden, in der Hoffnung, dass Luzifer seine verkehrten Gedanken und Gefühle einsieht und umkehrt."

„Ja und noch eine Sache", fuhr Tante Traude fort. „Ihr erinnert euch doch noch daran, wie Luzifer zu den Engeln ging und andeutete, dass er dazu bestimmt sei, Gott dem Sohn gleich zu sein, und dass Gott ihn nicht gerecht behandle? Nun, Gott ist immer freundlich und gut. Er wollte Luzifer nicht in Verlegenheit bringen, indem er verkündete, dass Luzifer nicht die Wahrheit sagte. Stattdessen machte er deutlich, dass Gott der Sohn der Einzige ist, der Gott dem Vater vollkommen gleicht, und dass niemand sonst jemals für gleich geachtet werde. Auf diese Weise erkannten alle Engel die Wahrheit in dieser Angelegenheit. Hätte sich Luzifer geändert und richtig gehandelt, hätte niemand außer ihm und Gott je von dieser Sache erfahren, denn Gott hätte ihm vergeben."

„Du meinst, Gott hätte ihm vergeben und ihn wieder als obersten Engel bestätigt, so als wäre nie etwas gewesen?", fragte Paula überrascht.

„Ja, wenn es Luzifer leid getan und er sich von seinem falschen Tun abgewandt hätte, hätte Gott wohl die Erinnerung daran ausgelöscht, und der Himmel wäre wie zuvor gewesen. Der Vater und der Sohn liebten ihren wunderbaren Luzifer so sehr, dass der Gedanke, ihn zu verlieren, ihr Herz brach. Also taten sie alles, was sie tun konnten, um sein Denken umzuwandeln, damit er sie wieder so liebe wie früher."

17.
LUZIFER FASST EINEN ENTSCHLUSS

Nach der großen Versammlung zog sich Luzifer in eine abgeschiedene Ecke des Himmels zurück. Er musste nachdenken und wollte dabei von niemandem gestört werden. Oh, er war so enttäuscht, dass Gott ihm nicht die Ehre erwiesen hatte, die er sich wünschte!

„Also gut", mag er zu sich selbst gesagt haben. „Ich muss zugeben, dass ich nur ein Engel bin. Gott der Sohn selbst erschuf mich. Das kann ich nicht leugnen."

Er stützte sein Kinn mit der Hand ab und dachte lange nach. „Ich denke, ich sollte wirklich dankbar sein, dass ich der Glückliche bin, der als der Oberste unter den Engeln ausgewählt wurde. Ich habe einen Platz neben dem Thron Gottes bekommen und das ist eine große Ehre, die keinem der anderen Engel gewährt wird. Trotzdem scheint keiner von ihnen eifersüchtig auf mich zu sein. Vielleicht wäre es besser, wenn ich auch nicht eifersüchtig auf den Sohn sein würde. Ich sollte mit allem zufrieden sein, so wie es ist."

Er stand auf und richtete sich zu seiner ganzen erhabenen Größe auf. Er war stolz, dass er um so viel größer war als die anderen Engel. In der Ferne konnte er sie bei ihrer Arbeit beobachten. Er lächelte, als er daran dachte, mit welcher Freude sie seinen Befehlen gehorchten.

Stellen wir uns vor, was währenddessen im Thronsaal vor sich gegangen sein könnte. Luzifers Platz war leer. Gott der Vater wandte sich mit Enttäuschung im Gesicht und Trauer in seiner Stimme an den Sohn. Sie schauten zu Luzifers Platz. Ja, er war wieder leer. Es schien, als hätte Gottes Rede an die Engel nichts geholfen. Er hatte so sehr versucht, die Dinge wieder zu ordnen, ohne Luzifer in Verlegenheit zu bringen. Der Sohn stimmte dem Vater zu, dass er sein Bestes getan habe. Luzifers leerer Platz füllte sein Herz mit Sorge. Er fragte sich, ob er hinuntergehen, ihn suchen und noch einmal mit ihm reden sollte. So viele Male hatte er ihm zu helfen versucht.

Der Vater gab sein Einverständnis, dass er es noch einmal versuchen sollte. Sie mussten alles ihnen Mögliche tun, um Luzifer zu helfen. Die Stimme des Sohnes klang von Tränen erstickt. „Ich kann ihn einfach nicht aufgeben, Vater. Wir haben ihn als unseren besten Freund erschaffen, und es bricht mir das Herz, wenn er sich gegen uns wendet."

Tröstend mag der Vater seine Hand auf den Arm des Sohnes gelegt haben. Er verstand die tiefe Trauer nur zu gut, denn beide liebten sie Luzifer von ganzem Herzen. Er war ihr geschaffenes Kind.

Da saßen sie also: Gott der Vater und Gott der Sohn auf ihren goldenen Thronen im wunderschönen Himmel. Aber ihre Herzen waren voller Sorge, denn ihr geliebter Engel hatte sich entschieden, die Regeln des Lebens und des Glücks zu brechen. Schließlich bat der Vater den Sohn, noch einmal zu Luzifer zu gehen, mit ihm zu reden und zu versuchen, ihn zurückzugewinnen.

Also stieg Gott der Sohn wieder von seinem Thron der Herrlichkeit herunter, um nach Luzifer Ausschau zu halten. Er sehnte sich danach, ihm zu helfen, seine verwirrten Gefühle zu überwinden, und wollte ihn davor bewahren, über sich selbst Zerstörung zu bringen.

Versuchen wir uns vorzustellen, was jetzt passiert sein könnte! Von seinem abgeschiedenen Platz aus konnte Luzifer weit in die Ferne blicken und beobachten, was dort vor sich ging. Seine Aufmerksamkeit wurde plötzlich vom Anblick eines wunderschönen Wesens in den Bann gezogen, das zwischen den Bäumen und Gärten ging.

„Das kann doch nicht sein!", dachte er. „Aber – ja, tatsächlich, er ist es!"

Er hatte Recht. Es war Gott der Sohn, der nach jemandem Ausschau hielt.

„Ich frage mich, was er macht. Vielleicht versucht er, die Engel gegen mich aufzubringen", argwöhnte Luzifer in seinem Herzen. „Aber er wird überrascht sein, wenn er herausfindet, wie beliebt ich bei ihnen bin!"

Aber nein. Der Sohn hielt nicht an, um mit den Engeln zu sprechen. Stattdessen kam er geradewegs auf Luzifers Versteck zu.

„Oh, ich glaube, er kommt hierher! Ich frage mich, was er von mir möchte." Für einen kurzen Augenblick kam Panik in Luzifer auf. Aber dann wurde ihm bewusst, dass er sich vor Gott nicht verstecken konnte. Darum blieb er, um ihm entgegenzutreten.

Als Luzifer das langsame Näherkommen von Gott dem Sohn beobachtete, war er völlig durcheinander. Einerseits wollte er wissen, warum der Sohn zu ihm kam und was er ihm zu sagen hatte. Er fühlte sich aber auch ein wenig stolz beim Gedanken, dass er so wichtig war, dass Gott seinen Thron verlassen hatte, um ihn zu suchen. Tief in seinem Herzen fühlte er sich schuldig, dass er versuchte, die Engel gegen ihren eigenen Vater, Gott, aufzubringen. Außerdem war er ein wenig beschämt, dass er nicht an dem ihm zugedachten Platz war, der ihm von Gott als Ehrenplatz gegeben worden war.

Luzifers Angst vor dem Treffen mit Gott dem Sohn war bald verflogen, denn es wurden nur Worte der Liebe und Freundlichkeit ausgetauscht. Vielleicht setzten sie sich nieder und sprachen eine lange Zeit miteinander. Was auch immer gesagt wurde, Luzifer verstand voll und ganz, dass ihm vergeben werden würde und er seinen Platz als oberster Engel behalten könnte, falls er sich für das Richtige entscheiden würde. Er verstand auch, dass ihm Gott niemals einen höheren Platz einräumen konnte, weil es keinen höheren Platz mehr gab. Er kam ja bereits gleich nach Gott dem Sohn.

Als sie ihr Gespräch beendet hatten, lud Gott der Sohn Luzifer wahrscheinlich ein, mit ihm zu kommen, um einige Engel zu besuchen.

Ich bin mir sicher, dass Luzifer diese Einladung aus zwei Gründen mit Freuden annahm. Zum einen war damit bewiesen, dass Gott ihn immer noch liebte. Zum anderen befriedigte es seinen Stolz, dass ihn die anderen Engel sehen könnten, wie er mit dem Sohn umherspazierte.

Aber noch bevor die Besuche vorbei waren, begann Luzifer wieder unzufrieden zu sein. Obwohl die Engel ihn mit Respekt begrüßten, beugten sie sich vor Gott dem Sohn mit anbetender Ehrfurcht. Dieser Unterschied nahm alle Freude aus Luzifers stolzem Herzen. „So kann es nicht weitergehen", sagte er sich schließlich. „Ich muss mich einfach für den einen oder den anderen Weg entscheiden."

Ihr seht, die Zeit war vergangen, und immer noch tobte ein Kampf in Luzifers Herzen. Zuerst entschied er sich für die eine Seite, dann wieder für die andere. Er brachte es einfach nicht über sich, Gott ganz aufzugeben, und obwohl er wusste, dass er Unrecht hatte, war er zu stolz, um es zuzugeben.

„Ich muss mich bald entscheiden, denn meine Engelfreunde verlieren sonst ihr Vertrauen in mich. Wenn sie meine Unentschlossenheit bemerken, werden sie sagen, dass ich kein geeigneter Führer bin."

Schließlich setzte er den schicksalsschweren Schritt. Es schauderte ihn, als er an die möglichen Folgen dachte, aber sein törichter Stolz ließ ihn weitermachen. Er sprach in seinem Herzen: „Ich werde meinen Thron über die Sterne Gottes setzen. Ich werde der Allerhöchste sein."

So war es nun beschlossen. Luzifer hatte seine Entscheidung getroffen.

Nachdem die Geschichte geendet hatte, herrschte langes nachdenkliches Schweigen.

„Warum hat Gott Luzifer nicht einfach bestraft und die Sache beendet?", fragte Lucas. „Warum hat er sich so lange um ihn gesorgt?"

„Ja", fügte Paula hinzu. „Wo Gott ihn doch auf den ersten Platz gesetzt hat! Warum konnte er ihn nicht einfach vernichten und einen anderen Engel erschaffen, der seinen Platz einnahm?"

„Gott hätte beide Dinge tun können", sagte Tante Traude, „wenn er nur gewollt hätte. Lasst mich versuchen, es zu erklären. Stell dir vor, Lucas, du bist sehr ungezogen gewesen. Würden deine Eltern einfach versuchen, dich loszuwerden, und sich nicht mehr um dich kümmern?"

Die Kinder schüttelten schweigend die Köpfe.

„Selbst wenn deine Eltern ein ganzes Haus voll mit anderen Kindern hätten, könnte nicht eines von ihnen den Platz eines Kindes einnehmen, das sie verloren haben. Der Platz in ihrem Herzen würde immer leer sein. So ist es mit der Liebe. So geht es den Eltern mit ihren Kindern, und so geht es Gott mit seinen Kindern – ganz egal, ob es Menschen oder Engel sind."

18.

LUZIFER BERUFT EIN BESONDERES TREFFEN EIN

Jetzt, wo Luzifer seinen Entschluss gefasst hatte, strebte er mit ganzer Kraft danach, sein Ziel zu erreichen. Er verließ seinen Platz neben dem Thron Gottes und verbrachte seine ganze Zeit damit, unter den Engeln zu arbeiten. Er war sehr vorsichtig, sie nicht wissen zu lassen, was er wirklich im Schilde führte, sonst hätten sie nicht mehr auf ihn gehört. Aber nach und nach fand er heraus, mit welchen Engeln er auf seiner Seite rechnen konnte und mit welchen nicht.

Schließlich dachte er, dass die Zeit reif war, den nächsten Schritt zu setzen. Stellen wir uns vor, dass wir ihn an seinem geheimen Platz beobachten können, wo er sich immer hinbegab, um seine Pläne zu schmieden. Auf seinem Gesicht lag ein ernster Ausdruck. Es schien, als würde er etwas zählen. Eins, zwei, drei, … Je länger er zählte, desto erfreuter wurde sein Blick. Plötzlich sprang er auf und schlug mit der Faust in seine Hand.

„Jawohl!", triumphierte er schadenfroh. „Es sind genug auf meiner Seite, sodass ich ab jetzt ganz offen sein kann!" Ein teuflisches Lächeln breitete sich auf seinem Gesicht aus. Er berief eine Zusammenkunft mit seinen besten Freunden unter den obersten Engeln ein.

„Ich möchte, dass ihr Boten aussendet, die alle Engel zu einem besonderen Treffen versammeln. Sagt ihnen, es ist wichtig. Ich möchte sie alle dabei haben."

„Ja, Herr." Die Engel verbeugten sich respektvoll. „Sollen wir einen Grund für das Treffen nennen?"

„Sie werden ihn herausfinden, wenn die Zeit gekommen ist," sagte Luzifer mit einem listigen Blick.

Als der vereinbarte Termin kam, eilten alle Engel zum Versammlungsplatz. Die Luft war erfüllt von Flüstern und Reden. „Weißt du, warum Luzifer diese besondere Versammlung einberufen hat?"

„Nein, ich habe keine Ahnung. Du etwa?"

„Nein, ich auch nicht. Aber ich habe mich gefragt, ob er vielleicht ein Programm zu Ehren von Gott dem Sohn ausarbeitet. Du weißt, es ist wieder an der Zeit, dass wir ein besonderes Treffen planen, um ihm die Ehre zu geben."

„Ja, du hast Recht. Ich kann mir vorstellen, dass Luzifer etwas ungewöhnlich Großartiges plant. Du weißt, es braucht Zeit, um alle Einzelheiten eines so großen Vorhabens einzuüben."

„Das stimmt. Schau! Luzifer beginnt zu sprechen."

Die gewaltige Menge wurde aufmerksam, als Luzifer um Ruhe bat. Oh, er sah gewaltig aus, als er da vor ihnen stand! Jeder Engel bewunderte ihn. Jeder Engel beugte sich vor seiner Weisheit und hatte Vertrauen in seine Führung. Nicht umsonst war er ihr geliebter Anführer.

Aber als er seinen Mund öffnete, um zu sprechen, war es nicht sein Ziel, Gott dem Sohn die Ehre zu geben, so wie es die Engel erwartet hatten. Das Ziel seiner Rede war – er selbst! Er erzählte, wie traurig er gewesen sei, als er entdeckte, dass Gott in seinen Handlungen nicht fair ist. Er sagte ferner, dass Gott zu seinem Sohn halte und die Engel vernachlässige, vor allem ihn selbst.

Er sprach sehr sanft und schmeichelhaft zu ihnen.

„Viele von euch glaubten mir nicht", erklärte er, „als ich euch klarzumachen versuchte, dass Gottes Regierung nicht so läuft, wie sie laufen sollte. Der Vater erzählt dem Sohn alles, aber ich werde in ihre Pläne nicht eingeweiht. Ich glaube, das ist mir gegenüber nicht fair, da ich doch der Oberbefehlshaber bin. Ich denke, es ist auch euch gegenüber nicht fair, wenn euer Anführer von wichtigen Planungen ausgeschlossen wird. Ich weiß, ihr werdet mir zustimmen und zugeben, dass es nicht gerecht ist, weder euch noch mir gegenüber."

Die Engel saßen wie gelähmt und schwiegen. Konnte es möglich sein, dass Luzifer gerade gegen Gott und sein Handeln sprach? Oh, nein! Sicher nicht! Sie mussten sich verhört haben.

Aber Luzifer fuhr mit stolzer Selbstüberzeugung fort. „Nein, ihr konntet mir gar nicht glauben, als ich euch zu erklären versuchte, was eigentlich vor sich geht. Aber jetzt kennt ihr die Wahrheit. Ihr habt es mit eigenen Ohren gehört. Erinnert ihr euch an die große Versammlung, die Gott vor nicht allzu langer Zeit einberufen hat? Erinnert ihr euch? Mit allem, worüber der Vater sprach, ehrte er seinen Sohn. Er verlor kein einziges Wort darüber, was er für uns Engel tun könnte!"

Unter den Zuhörern nickten einige zustimmend mit ihren Köpfen, andere schüttelten sie und wieder andere saßen nur ruhig da.

„Nach der heutigen Rede des Vaters", fuhr Luzifer fort. „wird all der Friede, den wir Engel bis jetzt genossen haben, von uns weggenommen werden. Er rief den Sohn zum absoluten Herrscher über uns aus, oder etwa nicht?"

Unruhe brach unter den Zuhörern aus. Sie fingen an, sich Argumente zuzuflüstern. „Das ist nicht wahr", sagten einige. „Luzifer könnte Recht haben", widersprachen andere.

Luzifer erhob seine Stimme, sodass ihn alle hören konnten. „Ich habe diese Versammlung einberufen, um euch wissen zu lassen, dass ich die Verletzung eurer und meiner Rechte nicht länger dulden werde. Ich habe mich entschieden, mir die Ehre zu nehmen, die mir gebührt, und ich werde der Anführer all derer sein, die mir folgen. Ich verspreche euch eine neue und bessere Regierung, in der es keine ungerechten Regeln geben wird."

Von nun an herrschte aufgeregte Verwirrung unter den Engeln. Uneinigkeit machte sich in der ganzen Versammlung breit. Luzifer hob seinen Arm und rief: „Alle, die mich als ihren neuen Führer annehmen und mich bei der Bildung einer neuen Regierung unterstützen, sollen aufstehen!"

Einige seiner besten Freunde standen sofort auf. Andere folgten zögernd, weil sie noch darüber nachdachten. Viele standen auf, setzten sich aber gleich wieder nieder, so als könnten sie sich nicht entscheiden. Die, die standen, versuchten eifrig, andere zum Mitmachen zu überreden. Einige ließen sich umstimmen, weil sie auf der beliebteren Seite stehen wollten. Währenddessen ermunterte sie Luzifer und versprach denen, die auf seine Seite traten, wundervolle Dinge.

Die treuen Engel waren vor Erstaunen wie betäubt, als sie erkannten, dass Luzifer gerade erfolgreich einen Aufruhr gegen Gott in Gang gesetzt hatte. Sie versuchten, die anderen davon zu überzeugen, dass sie einen Fehler begingen, wenn sie seinen teuflischen Plänen Gehör schenkten, und bewiesen ihnen, dass Luzifer Lügen über Gott erzählte.

„Sklaven!", rief Luzifer spöttisch und zeigte verächtlich auf die treuen Engel: „Arme, getäuschte Sklaven! Zu feige, um für eure Rechte einzustehen! Zu ängstlich, um eure Freiheit zu fordern!"

Das Treffen endete in einem Durcheinander. Luzifers treueste Nachfolger umringten ihn, um ihm zu gratulieren, und boten ihre Hilfe an, wo immer es ihnen möglich sei.

Luzifer war zufrieden. Er hatte von Anfang an eine so große Menge hinter sich stehen, dass er dachte, auch alle anderen bald auf seine Seite ziehen zu können. Dann würde er Gott als Führer der himmlischen Heerscharen gleich sein.

„Der Himmel scheint kein glücklicher Ort mehr gewesen zu sein", bemerkte Paula, nachdem die Geschichte zu Ende war.

„Kein Ort im Himmel oder auf der Erde kann glücklich sein, wenn jemand beim Befolgen der Regeln nicht kooperiert", erwiderte Tante Traude.

„Kooperiert!", rief Lucas. „Sie hatten eine große Kooperation im Himmel, nicht wahr? Stellt euch vor! Eine Engel-Kooperation!"

Tante Traude sah Lucas überrascht an. „Wo um alles in der Welt hast du solche schwierigen Wörter gelernt?", fragte sie.

Die Kinder mussten über Tante Traudes Staunen lachen. Dann erzählten sie ihr von der Kooperation, die sie auf Großvaters Bauernhof gehabt hatten.

„Kannst du mir sagen, was das Wort bedeutet, Lucas?", fragte Tante Traude.

„Es bedeutet, dass jeder den Regeln gehorcht und seinen Beitrag leistet, damit alles ordentlich verläuft. Dann ist jeder glücklich, und es gibt keine Probleme."

„Sehr gut! Du hast Recht! Also, unsere nächste Geschichte wird uns berichten, wie es weiterging, nachdem die Kooperation unter den Engeln zerstört worden war."

19.
MERKWÜRDIGE EREIGNISSE
IM HIMMEL

Nachdem sich Luzifer zum Rebellenführer gegen Gott und sein Gesetz aufgeschwungen hatte, waren der frühere Friede und die Freude aus dem Himmel gewichen. Anstatt Musik und Gesang hörte man Streit und auch Weinen. Die Trompeter konnten nicht mehr miteinander üben, denn einige von ihnen waren rebellisch, andere treu. Sie konnten sich nicht einigen, wer Recht hatte, Gott oder Luzifer. Genauso war es mit den Harfenspielern und mit den Sängern. Der einst so friedliche Himmel hatte sich in einen Ort voller Chaos verwandelt.

Im Himmel war alles und jeder davon betroffen. Das Singen, das Musizieren, das Lernen, das gemeinsame Arbeiten – es war einfach alles anders. Das galt für den einfachsten Engel bis hin zu Gott selbst. Für alle, außer einem. Der einzig Zufriedene war Luzifer. Je mehr Durcheinander herrschte, desto besser konnte er seine Pläne vorantreiben.

Darüber hinaus waren unzählige Freundschaften zerrissen worden. Bis zu diesem Zeitpunkt hatten die Engel einander geliebt und vertraut. Aber jetzt standen viele gute Freunde auf der anderen Seite der Auseinandersetzung. Wem konnte man noch trauen?

Das Schlimmste war, dass sich die Anhänger Luzifers gegen Gott wandten – den großen, ewigen Gott, der sie mit seinen eigenen

Händen geschaffen hatte und sie liebte. Sie waren seine Kinder. Wenn sie Luzifer Glauben schenkten, dann war das so, als ob sie glaubten, dass Gott nicht ehrlich sei. Oh, wie furchtbar war das, was Luzifer angerichtet hatte! Er versuchte sogar, Gott für all die Probleme verantwortlich zu machen, die er selbst verursacht hatte.

Stellen wir uns vor, dass wir einiges von dem hören können, was jetzt im Himmel vor sich ging. Vielleicht rief Luzifer zuerst seine führenden Engel zusammen, jene, die sich ihm sofort angeschlossen hatten. Er brauchte mit ihnen keine Zeit zu verlieren, um sie von seiner Sicht der Dinge zu überzeugen. Ihre Entscheidung stand ja schon fest.

„Wir hatten doch einen guten Start bei unserer großen Versammlung, nicht wahr?", meinte Luzifer hämisch und rieb sich vor freudiger Genugtuung die Hände.

„Ja, auf alle Fälle!", stimmten seine Gefolgsmänner begeistert zu. „Das hast du gut gemacht, Luzifer. Wir sind besonders stolz auf dich und glücklich, deiner Sache dienen zu können."

„Ich bin froh, euch das sagen zu hören, denn aus diesem Grund habe ich euch zusammengerufen. Wir müssen jetzt fleißig sein und dürfen keine Zeit verlieren, sonst überlegen es sich einige unserer Anhänger noch anders. Wir müssen weiterhin für Verwirrung sorgen, damit niemand denkt, das sei nur eine Ausnahme gewesen. Niemand möchte einer Bewegung beitreten, die nicht erfolgsversprechend ist. Jeder möchte zu einem Team gehören, das gewinnt."

Luzifer sprach rasch und mit Überzeugung. Seine Nachfolger lächelten einander mit leuchtenden Augen an, so als wollten sie sagen: „Er weiß wirklich, wovon er spricht. Das wird eine große Angelegenheit werden!"

„Also! Du!", Luzifer deutete auf einen, der schon immer ein angesehener Führer unter den himmlischen Heerscharen war. „Ich möchte, dass du die Organisation übernimmst. Du planst Versammlungen und sorgst dafür, dass meine Anordnungen weitergetragen werden."

„Du!", er wies auf einen anderen, „du bist redegewandt. Du wirst der führende Sprecher sein. Einige von euch haben eine ungewöhnlich freundliche Art. Ihr sollt im Geheimen mit denen sprechen, die in der Öffentlichkeit keine Entscheidung treffen wollten. Wir können noch viele überzeugen, sich uns anzuschließen, wenn wir mit ihnen alleine sprechen."

Zweifellos ging Luzifer die Reihe entlang – erteilte Befehle, teilte Aufgaben zu und gab Ratschläge. „Nun", schloss er schließlich, „gibt es irgendwelche Fragen?"

Die Engel blickten einander an. Es schien noch eine Sache zu geben, deren Erwähnung sie zögern ließ. Luzifer betrachtete sie mit hochgezogenen Augenbrauen. „Nun, was gibt es?", wollte er wissen.

Schließlich stand einer der führenden Engel respektvoll auf. „Es tut uns leid, Herr, aber da ist eine Frage, die uns immer wieder gestellt wird …" Er hielt inne und schien beschämt zu sein. „Wir wissen nicht, wie wir sie beantworten sollen."

„Sprich weiter!", herrschte ihn Luzifer an. „Um welche Frage geht es?"

„Nun, Herr, immer wenn wir versuchen, ihnen zu sagen, um wie viel besser die Dinge unter deiner neuen Regierung sein werden, weisen sie uns darauf hin, dass es nichts als Schwierigkeiten gibt, seit du deinen Aufruhr begonnen hast. Sie sagen, wenn das ein Vorgeschmack auf die Verhältnisse in deinem neuen Königreich ist, dann wollen sie da nicht dazugehören."

Der Engel schluckte schwer und fuhr dann fort: „Wir müssen zugeben, dass dies der Wahrheit entspricht – wir wussten nicht einmal, was Probleme sind, bis du mit deinem Aufruhr begonnen hast! Was sollen wir also sagen? Wir haben einfach keine Antwort." Er zuckte mit den Achseln und setzte sich.

Luzifer lehnte sich mit einem gequälten Lächeln zurück. „Das ist einfach!", sagte er langsam. Dann richtete er sich auf und hob überheblich den Kopf.

„Wenn sie das sagen, dann fragt sie einfach, unter welcher Regierung sie diese Probleme haben. Erinnert sie daran, dass es Gottes Regierung ist und dass alles einfach so enden muss, denn ich sage euch, seine Gesetze sind nicht richtig und gerecht. Genau darum will ich ja die

Dinge verbessern. Ich möchte eine Regierung gründen, in der Probleme wie diese nicht auftreten können. Versteht ihr?"

„Ja, natürlich verstehen wir!", antworteten sie mit freudiger Überraschung. „Warum haben wir nicht selbst daran gedacht? Oh, Luzifer, wir sind so glücklich, dich als unseren Führer zu haben. Du bist das weiseste Wesen, das es gibt." Dann lachten sie voller Schadenfreude, als sie sich die Gesichter der treuen Engel vorstellten, wenn sie ihnen diese vermeintlich klugen Antworten geben würden.

„Noch eine Sache", fuhr Luzifer fort. „Fragt sie, warum Gott nichts tut, um ihnen zu helfen. Wenn er so allmächtig ist, warum kommt er dann nicht und hält uns auf? Ich sage euch, er hat Angst – darum tut er nichts! Er sieht, wie mächtig ich mit so vielen Anhängern bin. Das wird sie wohl überzeugen, denkt ihr nicht auch? Mal sehen, wie sie das erklären können!"

Mit diesen Worten warf Luzifer den Kopf zurück und stieß ein solch lautes, abscheuliches Lachen hervor, dass es selbst seinen Bewunderern ein wenig schauderte, als sie es hörten.

Dann beugte sich Luzifer nach vorne und sagte mit gedämpfter Stimme: „Wenn wir den ganzen Himmel erobert haben, habe ich vor, hinauszugehen und auch all die anderen Welten einzunehmen. Das wird einfach werden, sobald ich einmal alle Engel auf meiner Seite habe."

Seine Zuhörer wurden bei dieser Vorstellung mit Entzücken erfüllt. Luzifer schien noch großartiger zu sein, als sie es sich in ihren kühnsten Träumenn hätten vorstellen können. Warum sollte er nicht nur über den Himmel, sondern auch über das ganze große Universum herrschen? Sie wären dann die Größten in seinem Königreich.

„Macht euch nun auf den Weg", befahl er, „und beginnt eure Arbeit unter den Engeln, damit unsere Träume wahr werden!"

Mit teuflischem Lärm eilten sie hinaus, um die Arbeit des Feindes Gottes zu verrichten.

Paula holte tief Luft, als die Geschichte zu Ende war. „Wie schrecklich!", rief sie aus. „Ich kann mir nicht vorstellen, dass es im Himmel jemals so gewesen ist. Aber unternahmen die guten Engeln gar nichts dagegen?"

„Oh ja, natürlich taten sie etwas", antwortete Tante Traude. „Sie waren genauso eifrig wie die rebellischen Engel. Es war ein ziemliches Durcheinander. Davon werde ich euch das nächste Mal erzählen."

„Aber warum unternahm Gott nichts dagegen?", wollte Lucas wissen.

„Nun, Gott beobachtete alles. Er hatte seine Gründe, warum er zu dieser Zeit nicht das unternahm, was vielleicht wir nun von ihm erwartet hätten. Wir werden sehen, was er tat, als der richtige Zeitpunkt gekommen war."

20.

GEBROCHENE HERZEN IM HIMMEL

In unserer letzten Geschichte ging es um Luzifer und seine Anhänger sowie um ihre Pläne, alle Engel zu überreden, auf ihre Seite zu treten. Jetzt werden wir sehen, was unter den treuen Engeln geschah, denn sie versuchten genauso angestrengt, die Engel zu überzeugen, Gott die Treue zu halten.

Die Engel waren in drei Gruppen geteilt worden – die, die sich bereits entschieden hatten, mit Luzifer zu gehen, die, die entschlossen waren, Gott treu zu bleiben, und die große Zahl derer, die noch nicht wussten, welchen Weg sie einschlagen sollten und daher das besondere Ziel der abgefallenen Engeln war.

Versuchen wir uns ein Bild davon zu machen, was in dieser Zeit geschehen sein könnte. Zuerst mögen sich einige der führenden treuen Engel entschieden haben, Luzifer zu besuchen.

„Vielleicht hat er das, was er gesagt hat, nicht so gemeint", überlegten sie. „Vielleicht haben wir ihn einfach nicht richtig verstanden."

„Aber selbst wenn er es so gemeint hat, wie es geklungen hat", warf einer der Engel ein, „müssen wir versuchen, ihn zu einer Meinungsänderung zu bewegen. Luzifer und ich, wir waren immer so enge Freunde; ich bin mir sicher, er wird auf mich hören."

„Oh, ich hoffe es!", fügte ein anderer hinzu. „Wenn er hartnäckig bleibt, muss Gott sicher etwas unternehmen. Ich kann mir nicht vorstellen, was – aber es könnte etwas Schreckliches sein. Ich möchte gar nicht daran denken!", schloss er mit stockender Stimme.

„Weil wir gerade von Gott sprechen", unterbrach ein dritter Engel, „überlegt euch, wie sehr es sein Herz bekümmern muss. Luzifer, sein höchster, geehrter Engel, wendet sich gegen ihn und beginnt eine Rebellion gegen die Gesetze des Himmels!"

Dann konnte man eine andere Stimme vernehmen: „Ich kann es einfach nicht verstehen! Was hat ihn nur dazu veranlasst, so etwas zu tun? Es gibt doch keinen Grund dafür." Sie alle seufzten und schüttelten traurig und ratlos die Köpfe.

„Nun", sagte einer und stand auf, „es hilft nichts, wenn wir hier sitzen und klagen. Wir müssen etwas unternehmen. Die wichtigste Sache für uns ist, freundlich und geduldig zu sein und Luzifer wissen zu lassen, dass wir ihn immer noch als unseren Führer haben wollen, wenn er die Dinge mit Gott ins Reine bringt."

Luzifer erblickte die Gruppe, die sich ihm näherte.

„Ha!", mag er sich gedacht haben. „Hier kommt eine Abordnung der führenden Engel. Ich frage mich, was sie wollen. Vielleicht hatten sie Zeit zum Nachdenken und wollen sich mir anschließen. Wenn ich die Anführer auf meine Seite ziehen kann, wird es nicht sehr schwer sein, auch den Rest von ihnen zu gewinnen."

Diese Gedanken zauberten ein Lächeln auf sein Gesicht, und er trat vor, um seine Besucher besonders freundlich zu begrüßen. Nachdem sich alle gesetzt hatten und ein paar allgemeine Bemerkungen gefallen waren, war es für die Engel ohne Zweifel schwierig, das beabsichtige Gespräch zu beginnen. Noch nie zuvor hatten sie eine solche Situation erlebt. Es war völlig neu für sie.

Stellen wir uns vor, dass Luzifer das Gespräch begann. „Ich freue mich, dass ihr euch entschieden habt, mich als Anführer zu akzeptieren. Es beweist, wie weise ihr seid."

„Du bist unser Anführer, Luzifer, und wir wären zufrieden, wenn es so bliebe. Kein einziger Engel hat sich je etwas anderes gewünscht.

Gott hat dich als unseren Anführer geschaffen, und wir waren alle mit seinem Plan glücklich."

Bei der Erwähnung von Gott und seinen Plänen runzelte Luzifer die Stirn, aber schnell setzte er ein vertrauensvolles Gesicht auf und antwortete in ruhiger Weise.

„Ihr müsst doch bemerkt haben, dass Gott seinen Plan geändert hat. Er hat das in seiner Rede bei der großen Versammlung sehr deutlich gemacht. Er setzte seinen Sohn als Herrscher über uns ein. Ich beabsichtige nicht, meine Macht zu verlieren, und ich will nicht miterleben, wie ihr Engel eure Macht ebenso verliert. Darum bemühe ich mich so sehr, etwas dagegen zu unternehmen. Mein ganzer Plan ist es, euch Engeln zu helfen." Luzifer sprach sanft und versuchte, ihre Gunst zu gewinnen.

„Aber, Luzifer", erwiderte der oberste Engel freundlich, „der Vater hat kein Wort davon erwähnt, irgendetwas zu ändern."

„Jetzt hört mir einmal zu", unterbrach Luzifer. „Ich weiß mehr von diesen Dingen als ihr. Sagt später ja nicht, dass ich nicht mein Bestes getan habe, um euch zu warnen."

„Bitte, Luzifer", flehte der oberste Engel. „Willst du uns nicht zuhören und vernünftig sein? Du weißt genauso gut wie wir, dass der Sohn dem Vater immer gleichgestellt war. Nur weil er uns in seiner Rede daran erinnerte, heißt das nicht, dass sich etwas ändern wird."

„Du bist nach wie vor der große Anführer, Luzifer, so wie du es immer warst", fügte ein anderer Engel hinzu. „Es gibt also auch hier keine Veränderung. Es tut uns leid, das sagen zu müssen, aber noch mehr leid tut es uns, sehen zu müssen, wie du dich verändert hast. Nicht Gott, du bist anders geworden. Auch der Friede im Himmel hat sich verändert, seitdem du die Auseinandersetzung begonnen hast."

Dann begann ein anderer zu sprechen: „Luzifer, du und ich, wir waren immer besondere Freunde, und du weißt, dass ich in Liebe zu dir spreche. Du sagst, dass Gott uns keine Freiheit gibt. Du weißt, dass das nicht stimmt, denn genau in diesem Moment zwingt er dich nicht, seinen Regeln zu gehorchen. Er gibt dir sogar die Freiheit, gegen ihn zu reden. Nun, dein eigenes Handeln beweist, dass deine Argumente falsch sind. Sei ehrlich. Wovon sprichst du? Nichts, was du gegen Gott sagst, stimmt."

Aber Luzifer blieb stolz und verstockt.

„Ihr kommt also, um eurem Anführer zu sagen, was er tun soll", stellte er mit einem überlegenem Sarkasmus fest. „Wenn ihr euch selbst plötzlich für so weise haltet, was soll ich dann eurer Meinung nach tun?"

Nun versuchten die Engel, Luzifer davon zu überzeugen, Gott alles zu bekennen und zu seinem früheren Platz zurückzukehren. Unter Tränen flehten sie ihn an, Gott wieder zu vertrauen, um seiner selbst willen und um aller im Himmel Lebenden willen.

„Was?", rief er voller Verachtung. „Ihr wollt, dass ich mich vor dem Sohn beuge? Er würde mich einfach nur erniedrigen und alle meine Ehre von mir nehmen."

Die Engel versicherten Luzifer, dass Gott ihm vergeben und ihn wieder auf den Platz einsetzen würde, den er selbst aufgegeben hatte. Sie erinnerten ihn daran, dass er der beliebteste aller Engel war. Wenn Gott nicht geduldig und liebevoll auf Luzifers Rückkehr warten würde, hätte er ihn schon gleich nach Beginn des Aufruhrs bestraft.

Aber Luzifer weigerte sich, noch weiter zuzuhören. Tief in seinem Herzen war er zwar manchmal traurig, dass er all diese Probleme verursacht hatte, aber er war zu stolz, um es zuzugeben.

Die Engel, die ihn besuchten, brachen auf.

„Wartet noch!", sagte Luzifer. Dann sprach er mit sanften Worten zu ihnen. „Habt ihr, als ihr gekommen seid, nicht gesagt, dass ihr mich immer noch als euren Anführer haben wollt? Dass ihr mich liebt wie immer?"

„Das stimmt, Luzifer. So fühlen wir."

„Ich fühle auch so." Luzifer lächelte. „Warum schließt ihr euch mir dann nicht an?"

„Unsere oberste Treue gehört Gott, denn er ist unser Schöpfer-Vater. Wenn du ihm treu bist, werden wir dir treu sein. Aber sonst nicht."

Luzifers Gesicht verfinsterte sich, und seine Stimme wurde scharf. „Dann geht, wenn es das ist, was ihr wollt!"

Die Engel wandten sich traurig ab. Ihre Herzen waren mit Kummer über ihren gefallenen Anführer gefüllt. Was könnte diese Sinnesänderung in ihm nur ausgelöst haben?

„Ja, Tante Traude, warum hat sich Luzifer so verändert?", wollte Paula wissen.

„Die Bibel sagt in Hesekiel 28,17, dass sein Herz stolz war – wegen seiner Schönheit; und dass er seine Weisheit um seiner Pracht willen geopfert hat."

Paula war erstaunt. „Du denkst, es ist Sünde, stolz zu sein?"

„Nicht nur das. Es ist schon eine Sünde, undankbar zu sein. Lucas, schlag, bitte, in deiner Bibel Lukas 6,35 auf. Im letzten Teil des Verses heißt es, dass Gott zu den Undankbaren und Bösen freundlich ist; so als würde das eine wie das andere gleichwertig sein. Paula, da gibt es eine lange Liste von Sünden, die in den ersten Versen von 2. Timotheus 3 genannt werden. Schau, ob ‚Undankbarkeit' eine davon ist."

Schnell suchte Paula die Stelle und war überrascht! Da stand es! „Wie kann Undankbarkeit eine Sünde sein?", wollte sie wissen.

„Ich will versuchen, es zu erklären", antwortete Tante Traude. „Wenn wir undankbar sind, sind wir nicht zufrieden. Wir denken an uns selbst und werden selbstsüchtig und stolz und wollen Dinge, die uns nicht gehören – oder begehren Dinge, so wie es das zehnte Gebot ausdrückt. Manchmal stehlen Menschen oder begehen einen Mord, um Dinge zu bekommen, die sie unbedingt haben wollen. Seht ihr, wie Undankbarkeit und Stolz die schlimmsten Verbrechen hervorrufen können? Genauso geschah es mit Luzifer, und auf die gleiche Weise geschieht es mit uns Menschen. Ein dankbares Herz kann dich vor vielen Problemen bewahren."

21.

STREIT UNTER DEN ENGELN

Die unentschiedenen Engel, die inmitten der Auseinandersetzung standen, hatten eine schwierige Zeit. Zuerst versuchten die Rebellen, sie zu überreden, auf ihre Seite zu treten. Dann kamen die treuen Engel und versuchten, ihnen verständlich zu machen, warum sie Gott treu bleiben sollten. So hatten sie wenig Frieden und wurden von einer Seite auf die andere gezogen. Noch dazu hatten sie keine innere Ruhe, denn es ist furchtbar, nicht zu wissen, was man möchte.

Die Getreuen setzten sich auch für die Engel ein, die bereits auf die Seite der Rebellen gewechselt waren. Sie flehten sie an, zurück auf die richtige Seite zu kommen. „Hört nicht auf Luzifer!", warnten sie. „Er täuscht euch und sagt euch nicht die Wahrheit."

Viele der Nachfolger Luzifers dachten über den Rat der treuen Engel nach. Sie standen kurz davor, auf die Seite Gottes zurückzukehren. Einige der Aufständischen sahen das. Sie eilten mit den Neuigkeiten zu Luzifers Hauptquartier. „Luzifer, Luzifer! Was sollen wir tun? Die treuen Engel überreden viele unserer Anhänger, uns zu verlassen."

„Ihr meint einige unserer Nachfolger hören zu und ändern ihre Meinung?"

„Ja, Herr! Eine große Anzahl konnte davon überzeugt werden, dass wir falsch liegen. Sie wollen zu Gott zurückkehren, wenn sie sich sicher sein können, dass er ihnen vergibt."

Luzifer machte sich sofort zum Aufbruch bereit. „Das ist ernst", sagte er. „Das klingt nach einer Aufgabe, die besser ich erledige."

Stellen wir uns vor, dass er eine Gruppe fand, die gerade über alles gesprochen hatte.

„Es wurde mir berichtet, dass ihr kurz davor seid, unsere Reihen zu verlassen. Ihr werdet doch nicht so dumm sein, aufzugeben! Außerdem wird Gott euch nicht vergeben."

„Hört nicht auf ihn!", flehten die treuen Engel. „Er täuscht euch. Gott liebt seine eigenen Kinder, und er wird euch vergeben."

„Sie warnen euch davor, auf mich zu hören", spottete Luzifer. „Wer lebte neben dem Thron – sie oder ich? Also, wer wird mehr über Gottes Wege wissen – sie oder ich? Sie sorgen sich einfach nicht so um euch und eure Rechte, wie ich es tue."

Dann sagte er plötzlich sanft: „Glaubt mir, auch ich habe einmal ans Aufgeben gedacht. Alle die Probleme schienen es nicht wert zu sein, für die Sache zu kämpfen. Aber ich fürchte, dass Gott alle Ehre von uns nehmen wird, selbst wenn er uns vergibt. Wir würden für immer erniedrigt sein und müssten für immer unter seinen Gesetzen leben."

Einige der Engel wollten sprechen, aber Luzifer ließ sie nicht zu Wort kommen. „Aber jetzt ist es zu spät!", rief er erregt. „Es bleibt nichts anderes übrig, als vorwärts zu schreiten und die Konsequenzen zu tragen. Was mich betrifft, werde ich nie wieder meine Knie beugen und den Sohn anbeten!"

Die guten Engel erschraken über die anmaßenden Worte Luzifers. Die Dinge waren an einem aussichtslosen Punkt angekommen. Darum eilten sie davon, um Gott dem Sohn zu berichten, was unter den Engeln vor sich ging. Sie fanden Gott den Vater, der eine Besprechung mit Gott dem Sohn abhielt und sich beriet, was mit Luzifer und seinem Aufruhr geschehen sollte.

Die guten Engel waren vielleicht ein wenig überrascht, als sie erkannten, dass Gott bereits alles wusste, und sie müssen sich gewundert haben, dass er es zuließ, dass solche Dinge im Himmel geschahen.

Stellen wir uns vor, dass wir das Gespräch zwischen dem Vater und dem Sohn hören können.

Der Vater meinte, dass die Zeit gekommen sei, in den Streit unter den Engeln einzugreifen. Es war den treuen Engeln gegenüber nicht gerecht, sie immer stärker mit diesen Problemen zu belasten. Hatte nicht jeder inzwischen genug Zeit gehabt, sich eine Meinung zu bilden?

Der Sohn stimmte zu. Dann seufzte er. Er hatte getan, was er konnte. Wann immer er die Engel besuchte, hatte er darauf hingewiesen, dass alles und jeder den Regeln treu bleiben müsse, um friedlich zu leben. Er hatte sie auf jede erdenkliche Weise daran erinnert, dass Gott sie liebte und alles nur Mögliche tun werde, um sie glücklich zu machen.

Dann seufzte auch der Vater. Armer Luzifer! Er dachte sich wohl, dass er den Vater und den Sohn sehr klug getäuscht habe. Nun, sie könnten ihn sofort bestrafen und all die Probleme unter den Engeln beseitigen. Sie könnten ihn aus dem Himmel verbannen oder ihn sogar vernichten. Aber was würde danach geschehen?

Sie wussten, was passieren würde. Viele Engel würden zwar treu bleiben, aber nur aus Angst. In ihren Herzen würden sie sich immer fragen, ob Luzifer nicht doch Recht gehabt habe und ob er wirklich gerecht behandelt worden sei. Es gab keinen anderen Ausweg. Gott musste der Sache eine Chance geben, um zu zeigen, was Luzifer tatsächlich im Schilde führte. Aber was sollten sie jetzt tun?

Nachdem der Vater und der Sohn darin übereinstimmten, dass die Engel genug Möglichkeiten gehabt hatten, sich eine Meinung zu bilden, beschlossen sie, die ganze Sache ans Licht zu bringen. Jeder Engel sollte sich in der Öffentlichkeit für die eine oder andere Seite entscheiden, sodass klar sei, wo jeder stand. Sie konnten es nicht wagen, auch nur einen versteckten Rebellen in ihren Reihen zu haben, der später einmal wieder Probleme verursachen würde.

Also wurden die Botenengel gerufen. Es wurde ihnen aufgetragen, die gesamten Heerscharen der Engel vor dem Thron des Allerhöchsten zu versammeln.

„Tante Traude, warum haben die Engel auf Luzifer anstatt auf Gott gehört?" Paula und Lucas stellten die Frage fast gleichzeitig.

„Warum?", wiederholte Tante Traude. „Weil Luzifer etwas tat, was Gott nicht tun konnte."

Die Kinder trauten ihren Ohren nicht. „Du denkst wirklich, dass Luzifer zu Dingen fähig war, die selbst Gott nicht tun konnte?"

Tante Traudes Gesicht war sehr ernst. „Ja, ich meine es genau so. Luzifer konnte lügen und schmeicheln und täuschen. Gott konnte nichts von diesen Dingen tun."

„Oh!", sagten die Kinder und wurden sehr still. „Daran haben wir gar nicht gedacht."

„Luzifer hatte noch einen anderen Vorteil. An dem Tag, an dem alle Engel geschaffen wurden, machte Gott Luzifer zu deren obersten Anführer. Wenn sie sich geweigert hätten, ihn als solchen zu akzeptieren, wäre es dasselbe gewesen, als hätten sie Gott nicht gehorcht. Indem die Engel auf Luzifer hörten, erfreuten sie auch Gott. Seitdem er der von Gott eingesetzte Anführer war, vertrauten sie ihm bedingungslos. Zuerst hatten sie keine Möglichkeit, seine Veränderung zu bemerken, denn er verbarg seine wahren Absichten mit schlauer List. Es dauerte lange, bis sie dahinterkamen. Das ist auch der Grund, warum Gott so lange Geduld zeigte und niemanden bestrafte – auch Luzifer nicht."

22.

KRIEG IM HIMMEL

Es war Gerichtstag für die Engel im Himmel. Die Boten hatten die Nachricht in jede Ecke des Universums getragen, und nun kamen die Engel von allen Richtungen zum Versammlungsort. Nicht einmal Luzifer widersetzte sich der Anordnung, vor dem Thron des Allerhöchsten zu erscheinen.

Diesmal kamen sie nicht mit fröhlichem Geplauder hereingeströmt, auch nicht mit Fragen, warum wohl ein Treffen einberufen worden sei. Diesmal war allen klar, warum diese Versammlung stattfand. Sie kamen in nüchterner Stille und mit einer Vorahnung in ihren Herzen.

Das flammende Licht, das den ewigen Thron umgab, bewegte sich. Gott der Vater begann zu sprechen. Was wird er sagen? Was wird er tun? Die himmlischen Heerscharen warteten in atemloser Stille.

Nun war die Stimme Gottes zu hören. Auf seine freundliche und liebevolle Weise erinnerte er sie wieder daran, dass Gott der Sohn in jeder Hinsicht Gott dem Vater gleich ist – dem einen wie dem anderen gebühre gleich viel Ehre.

Plötzlich ging ein überraschtes Raunen durch die Versammlung. Luzifer war aufgestanden, groß und unerschrocken. Er wünschte zu sprechen. Gnädig gab Gott ihm die Erlaubnis.

„Ich bin mit den derzeitigen Gesetzen der Regierung nicht zufrieden", verkündete er mit hochmütigem Stolz. „Seit ich der Oberbefehlshaber bin, sollte ich eigentlich gleich wie der Sohn behandelt und in alle Besprechungen miteinbezogen werden."

Luzifer verhöhnte Gott ganz offen. Die treuen Engel erschauderten. Wie konnte ein Engel nur so gegen den allmächtigen Schöpfer rebellieren! Wie würde jetzt Gott darauf reagieren?

Gott war geduldig und gnädig, selbst als Luzifer ihm fast das Herz brach. Er antwortete ruhig.

„Allein dem Sohn will ich meine geheimsten Absichten anvertrauen. Von jedem geschaffenen Wesen aber – eingenommen du, Luzifer – erwarte ich Gehorsam dem Sohn gegenüber; den gleichen Gehorsam wie mir gegenüber. Das Glück eines jeden hängt vom Vertrauen uns gegenüber und dem Befolgen der Gesetze ab, unter denen ihr erschaffen worden seid."

Die Erwähnung des Wortes „Gesetz" versetzte Luzifer in Zorn. Er konnte nicht einmal den Gedanken an Gesetze ertragen. Er erwiderte, dass Gesetze und Regeln für die Bewohner der Welten gut seien, aber Engel seien höhere Wesen, die keine Gesetze benötigten. Sie sollten frei sein, ihre eigenen Entscheidungen zu treffen, denn sie könnten sich selbst führen. Regeln aber würden sie ihrer Freiheit berauben.

Ich kann mir vorstellen, dass sich die treuen Engel so weit wie möglich von Luzifer entfernten und sich die Aufständischen um ihn scharten, während die Diskussion zwischen Gott und Luzifer weiterging. Bald war klar, auf welche Seite sich jeder geschlagen hatte. Der Vater erinnerte Luzifer daran, wie friedlich der Himmel war, bevor er diesen Aufruhr anzettelte.

„Das Problem war deine Regierung!", schrie Luzifer zurück. „Wenn wir versuchten, etwas zu tun, um Dinge zu verändern, hast du deinen Sohn geschickt, um uns zu tadeln."

Luzifers Anhänger nickten zustimmend. Sie waren mutiger und tapferer geworden, als sie sahen, dass ihr Anführer Gott offen entgegentrat und meinten, dass er wirklich Recht habe.

Die treuen Engel konnten ihre Empörung kaum zurückhalten, als sie solche Lügen über Gott hörten. Warum tat Gott nichts? Sie blickten nach oben und sahen keinen Ärger oder Hass im Gesicht des Sohnes –

nur Liebe und Kummer. Nie zuvor war ihnen die unendliche Liebe und Gnade Gottes so bewusst gewesen wie in diesem Augenblick, in dem er nicht einmal die bestrafen wollte, die ihn hassten. Sie staunten darüber.

Luzifer schleuderte Gott einen letzten Schwall voll verachtendem Hohn entgegen und gab ihm die Schuld für alle Probleme. Seine Nachfolger schrien und klatschten.

Dann herrschte einen Moment lang schreckliche Stille. Nach einigen Augenblicken erklang die Stimme von Gott dem Vater – nicht länger sanft und flehend, sondern sehr ernst.

„Luzifer, du hast bewiesen, dass du es nicht länger wert bist, einen Platz im Himmel einzunehmen."

Luzifer mag zusammengezuckt sein, als er die Veränderung in Gottes Stimme hörte, aber er antwortete schnell. Triumphierend verwies er auf die Menge der Engel, die auf seiner Seite standen – ein Drittel aller Engel im Himmel!

„Siehst du sie alle? Sie sind auf meiner Seite!", prahlte er. „Willst du sie etwa auch hinauswerfen und den Himmel leerfegen?" Dann richtete er sich zu seiner vollen, stolzen Größe auf und verkündete: „Ich bin bereit, für meinen rechtmäßigen Platz im Himmel zu kämpfen. Ich werde die Kraft meiner Engel gegen die deiner Engel messen."

Die guten Engel standen bestürzt da. Sie weinten, als sie die verhöhnenden Worte Luzifers hörten.

Nun war die Stimme Gottes noch einmal zu hören. Er verkündete, dass kein einziger Rebell mehr länger im Himmel bleiben dürfte.

Dann herrschte Krieg im Himmel. Der Sohn und seine Engel kämpften gegen Luzifer und dessen Anhänger. Die treuen Engel gewannen den Krieg, und die Aufständischen mussten erleben, wie sie aus dem Himmel gestoßen wurden. Weit, sehr weit hinunter fielen sie. Würden sie jemals zu fallen aufhören? Sie schlossen die Augen, denn sie konnten den Anblick nicht ertragen. Als sie schließlich doch zurückblickten, sahen sie das Licht ihrer wunderschönen himmlischen Heimat immer mehr in der Ferne verblassen.

Von jenem Augenblick an herrschte im ganzen Himmel wieder Friede und Ruhe.

„Tante Traude, wie kämpften die Engel miteinander?", fragte Lucas. „Ich wusste, dass du diese Frage stellen wirst", antwortete sie. „Wie kämpften die Engel? Wie lange dauerte der Krieg? Wohin wurden die Rebellen verbannt? Sind das die Fragen, die du hast? Nun, darüber denken wir alle nach. Aber ich habe auch nicht die Spur einer Antwort gefunden, und einfach nur raten möchte ich auch nicht. Die einzige Frage, die ich beantworten kann, ist, dass uns die nächste Geschichte erzählt, was im Himmel geschah, nachdem die Zeit der Auseinandersetzungen endlich beendet war."

23.

EIN NEUE WELT WIRD GEPLANT

Es war wieder friedlich und ruhig im Himmel, so wie es war, bevor die Probleme begannen. Und doch war es ein wenig anders – die Engel waren traurig wenn sie an ihre alten Freunde dachten. Sie vermissten das Zusammensein mit ihnen, denn viele von ihren engsten Freunden hatten sich den Rebellen angeschlossen. Nun waren sie fort.

Ich weiß nicht, wie lange die Unruhen im Himmel gedauert haben. Vielleicht nur kurz, vielleicht auch länger. Vielleicht waren es Tausende von Jahren von dem Zeitpunkt an, als Luzifer seine ersten unglücklichen Gedanken hatte, bis zu dem Tag, als er den Krieg anzettelte und aus dem Himmel geworfen wurde. Wie immer es gewesen sein mag, jetzt war es vorbei.

„Wie bist du vom Himmel gefallen, o Luzifer! Du sprachst in deinem Herzen: ,Ich werde dem Allerhöchsten gleich sein.' Alle, die dich kennen, erschrecken über dich. Du bist zu einem schlimmen Ende gekommen." So waren die Klagen über Luzifer zu hören, den Morgenstern, den Lichtträger. Jetzt war er der Feind, der Gegenspieler oder, wie wir es in unserer Sprache sagen, Satan.

Dort auf ihren goldenen Thronen hatten Gott der Vater und Gott der Sohn eine weitere Unterredung. Sie sprachen von den Engeln, die um ihre Gefährten trauerten, aber auch von ihren Plänen, eine neue Erde mit Menschen zu erschaffen. Die Engeln könnten diesen Bewohnern besondere Begleiter sein.

Doch einer Sache wollten sich Gott der Vater und Gott der Sohn ganz sicher sein. Sie wollten nie, nie wieder eine weitere Rebellion im Himmel haben. So etwas durfte einfach nicht mehr passieren. Sie mussten einen Weg finden, um die Treue der neuen Geschöpfe zu prüfen. Wenn sie für wert befunden würden, könnten sie vielleicht mit den Engeln auch im Himmel leben.

Sollte es eine schwere Prüfung sein? Nein. Es gab keinen Grund, die Prüfung schwer zu machen. Eine einfache Sache würde reichen. In Wahrheit wäre es eine größere Schande, eine einfache Prüfung nicht zu bestehen als eine schwere. Sollte außerdem irgendjemand die Prüfung nicht bestehen, könnte er nicht sagen, dass sie zu hart gewesen sei.

Stellen wir uns vor, dass sie eine Weile überlegten, was für eine Art von Prüfung es sein sollte. Vielleicht begann schließlich der Vater zu sprechen. Wäre das ein guter Plan? Ein Baum im Garten könnte ausgewählt werden, dessen Früchte die Menschen nicht essen sollten. Das wäre die ganze Prüfung!

Der Sohn stimmte bereitwillig zu. Es war ein perfekter Plan! Nichts könnte leichter sein als das! Die Menschen würden ja nie Hunger leiden, denn da waren Dutzende anderer Obstbäume, von denen sie essen konnten. Es gäbe nicht die geringste Ausrede, die Prüfung nicht zu bestehen.

Ich stelle mir vor, dass der Vater ernst blickte. Nein, es würde keine Entschuldigung geben, aber da gab es noch eine Sache, die sie bedenken mussten. Sie müssten zulassen, dass Luzifer die Menschen der neuen Welt auf die Probe stellt.

Erinnert euch! Der große Streit handelte ja davon, dass es angeblich zu schwer sei, den Regeln zu gehorchen. Wenn die neuen Geschöpfe vor Luzifer beschützt werden würden, könnte er sagen, dass die Regeln zu hart seien und Gott Angst habe, die Menschen damit zu prüfen.

Der Sohn musste dem Vater zustimmen. Sie mussten absolut gerecht sein, sonst könnte es sein, dass selbst die treuen Engel alles in Frage stellen würden. Die Engel konnten kaum daran gehindert werden, gewisse Sympathien für ihre früheren Freunde zu hegen, solange sie nicht die Gelegenheit hatten, zu erkennen, wie teuflisch deren Herzen durch ihre Auflehnung geworden waren.

Aber was war mit den Wesen auf den anderen Welten? Nun, alle mussten gleich behandelt werden, damit der Schöpfer nicht angeklagt werden konnte, ungerecht zu sein. Jeder musste geprüft werden, denn nie wieder wollten sie erleben, dass jemand eine geheime Rebellion beginnt. Aber worin könnten diese Prüfungen bestehen?

Wie wäre es, einen Baum in jede Welt zu setzen, so wie es für die neue Welt geplant war? Das wäre einfach durchzuführen, und es würden auf diese Weise alle gleich behandelt werden.

Als einziges Problem verblieb noch, wie man mit Luzifer umgehen sollte. Man wollte ihm nicht erlauben, die Menschen ständig zu verfolgen und sie zu belästigen. Angenommen, man würde ihm gestatten, die Menschen nur am verbotenen Baum zu treffen! Falls diese dem Gebot, sich vom Baum fernzuhalten, gehorchten, würden sie Luzifer und seinen Verführungen nie begegnen.

Der Sohn stimmte dem Plan von ganzem Herzen zu. Auf diese Weise könnte niemand – weder im Himmel noch auf der Erde – behaupten, dass die Regeln zu hart seien. „Aber angenommen, Vater …"

Ja, der Vater wusste, was der Sohn dachte. Angenommen, es würde einer von ihnen – trotz aller Bemühungen, es einfach zu machen und die Menschen zu beschützen – der Versuchung erliegen oder sich entschließen, ungehorsam zu sein.

„Erinnerst du dich, Vater, du und ich, wir gaben uns vor langer Zeit ein Versprechen."

Der Vater musste sich abwenden, um die Trauer in seinem Gesicht zu verbergen.

„Du erinnerst dich!", beharrte der Sohn. „Wir wurden uns einig, dass ich die Strafe auf mich nehme und den Preis für jeden Menschen bezahle, der die Prüfung nicht besteht."

Das Gesicht des Vaters war immer noch abgewandt. Seine Stimme war voller Sorge. „Ja, ich habe zugestimmt, und ich stehe zu meinem Wort." Mit unendlicher Zärtlichkeit blickte er auf seinen Sohn.

Als die Geschichte zu Ende war, waren die Kinder nachdenklich. Die Sache mit dem Bezahlen des Preises ging ihnen durch den Kopf.

„Aber was war mit Luzifer und seinen Engeln?", fragten sie. „Warum starb Gott der Sohn nicht für sie?"

„Mit ihnen war es anders, denn sie waren ja schon im Himmel gewesen und kannten Gott. Es gab keine Prüfung oder Versuchung. Es gab keinen Grund und keine Entschuldigung für ihre Sünde. Alles begann und wuchs in Luzifers Herzen. Selbst in der Bibel wird von einem Geheimnis gesprochen. Der Plan für die Engel war, ihnen jede nur mögliche Chance zu geben. So war es geschehen, und sie trafen ihre Entscheidung. Für die Menschen auf den verschiedenen Welten musste ein anderer Plan erdacht werden, denn sie könnten getäuscht werden. Sollte das geschehen, würde der Sohn ihnen, indem er mit ihnen lebte und für sie starb, zeigen, wie Gott wirklich ist. Dann würden auch sie ihre Gelegenheit erhalten, sich für ihn zu entscheiden."

24.

DIE NEUE WELT

Schließlich waren alle Planungen beendet, und es war an der Zeit, die neue Welt zu erschaffen. Vielleicht war es eine Überraschung für die Engel oder sie wurden von ihren täglichen Pflichten befreit, um zuschauen zu können. Ich stelle mir vor, wie sie sich alle versammelten und wie neugierige Kinder, deren Mutter einen Geburtstagkuchen bäckt, alles beobachteten.

Nun, Gott hätte eine neue Welt innerhalb eines Tages erschaffen können, wenn er das so gewollt hätte. Aber aus bestimmten Gründen entschied er sich, sieben Tage für die Erschaffung dieser besonderen Welt zu benötigen, wohl auch um den Engeln mehr Freude zu bereiten, wenn sie beobachten konnten, wie nach und nach alles entstand, und um den Menschen, die darauf wohnen sollten, einen Lebensrhythmus vorzugeben.

Wie auch immer es gewesen sein mag, ihr habt die Geschichte sicher schon oft gelesen oder erzählt bekommen, dass Gott die Welt in sieben Tagen erschuf.

Die neue Welt war unsere eigene, auf der wir jetzt leben. Als alles freundlich und neu war, sah es natürlich nicht so aus wie jetzt. Wie es dazu kam, dass sich alles veränderte, ist eine andere Geschichte. Wir werden später darüber sprechen. Jetzt aber zurück zu unserer Geschichte.

Die Engel waren schon sehr gespannt, welche Art von Welt diesmal errichtet werden würde. Durch Gott den Sohn wurde alles geschaffen. Zuerst schuf er das Licht. Am Ende des ersten Tages war die Erde selbst nichts weiter als ein riesiger Ball voll Materie. Am zweiten Tag wurde eine Schicht Luft rund um die Erde gelegt.

Am dritten Tag begannen die Dinge richtig aufregend zu werden. Zuerst musste es wohl eine beträchtliche Aufwühlung auf der Erdoberfläche gegeben haben, denn Wasser und Erde wurden voneinander getrennt. Bald erschienen weite Flächen trockenen Landes, und das Wasser wurde in Seen und Flüssen gesammelt. Dann wuchs überall auf der Erde etwas aus dem Boden. Es waren kleine grüne Pflanzen. Am Ende des Tages war alles mit Gras, Bäumen und Blumen bedeckt. Wie mussten sich die Engel gefreut haben, als sie sahen, wie wunderschön die neue Welt war! Am Ende eines jeden Tages überlegten sie aufgeregt, was Gott wohl als Nächstes machen würde.

Dann kam der vierte Tag, und Gott sprach: „Es sollen Lichter am Himmel erscheinen." Die Sonne, der Mond und die Sterne spendeten Wärme und Licht und teilten die Zeit in Tag und Nacht und in Monate und Jahre ein. Alles war wunderschön anzusehen, aber es war so still. Kein Geräusch war zu hören, nichts regte sich – nicht einmal eine kleine Biene summte und flog umher.

Der fünfte Tag kam, und Gott der Sohn schuf wieder, wie er es jeden Tag zu tun pflegte. Als die Engel genauer hinsahen, konnten sie eine Unruhe im Wasser erkennen. Aber, da waren ja Fische! Tausende von ihnen! Außerdem flogen nun Bienen und Schmetterlinge umher, und in den Wäldern regten sich wunderschöne Vögel! Die Welt war nicht mehr länger in Schweigen gehüllt, denn die Luft war erfüllt mit dem Summen der Insekten und dem Gesang der Vögel.

Der sechste Tag kam. Was würde Gott noch erschaffen? Durch sein Wort und seine Macht erschuf er auf der ganzen Erde Tiere – alle Arten von Tieren, vom kleinsten kriechenden Lebewesen bis hin zu riesigen Elefanten.

Aber Gott war noch nicht fertig. Ich kann mir vorstellen, dass sich der Vater und der Sohn anlächelten, in Erwartung des freudigen Ereignisses, das folgte. Dann geschah etwas Besonderes. Da machte Gott der Sohn mit seinen eigenen Händen aus Erde den Menschen; ihm zum Bilde. Die Engel staunten, als er dem Menschen den Odem des Lebens einblies. Es war ein Mann – edel, groß und sehr schön!

Der Mann schien glücklich zu sein, als er sich umsah und erkannte, in welch wunderschöner Umgebung er sich befand. Stellen wir uns vor, dass Gott der Sohn hinunterstieg und den Mann umherführte. Als der Mann jedes Geschöpf ansah, wusste er gleich, wie er es nennen sollte. „Nun, das ist ein Blaukehlchen", sagte er, „und das neben mir im Gras ist ein Schaf."

Gott war darüber sehr erfreut, denn es bewies, dass das Gehirn des Mannes so vollkommen war, wie er es geplant hatte. Der Mann bemerkte auch, dass jedes Geschöpf einen Gefährten hatte, aber er selbst der Einzige seiner Art war. Auch darüber freute sich Gott, denn er hatte sich ein wunderbares Geschenk für ihn ausgedacht. Gott ließ den Mann einschlafen und nahm ein kleines Stück Knochen – eine Rippe – aus seiner Seite. Daraus schuf er eine Gefährtin für den Mann. Als der Mann erwachte, stand eine wunderschöne Frau neben ihm. Ihre Augen trafen sich, und beide wussten sofort, dass sie füreinander bestimmt waren. Gott beobachtete sie mit der Liebe eines Vaters in seinem Herzen. Sie waren die Ersten seiner wunderbaren Kinder.

Die ganze Erde war schöner, als man es mit Worten ausdrücken kann. Darüber hinaus hatte Gott einen ganz besonderen Garten für den Mann und dessen Frau geplant. Es sollte ihr Zuhause werden. Es war, als würde man in einem Park leben.

Neben den Baum des Lebens, den Gott auch in den Garten stellte und von dem die Menschen essen sollten, um ewig zu leben, stellte er einen weiteren, den es noch nie zuvor bei der Erschaffung einer der anderen Welten gegeben hatte. Es war der verbotene Baum. Vielleicht wunderten sich die Engel ein wenig über dieses besondere Gewächs.

Nun war die Erde erschaffen, und alles darauf war fertig. Gott sah es und befand es als absolut vollkommen, genau so, wie er es geplant hatte. Er bestimmte den siebten Tag als den, an dem gefeiert werden sollte. Alle Engel des Himmels und die Bewohner der anderen Welten nahmen an diesem glücklichen Ereignis teil. Für sie war es wie die Geburt eines neuen Bruders oder einer Schwester. Die Engel sangen zusammen und die Söhne Gottes aus anderen Welten riefen voller Freude. Alle vereinten sich in Preis und Anbetung vor dem großen Schöpfer, der ihnen das Leben geschenkt hatte.

Dann sonderte Gott diesen siebten Tag als Feiertag ab, der jede Woche zur Ehre des Geburtstages der Erde gefeiert werden sollte. Er segnete ihn und machte ihn zu einem heiligen Tag, der dem Ausruhen vom wöchentlichen Alltag und der Anbetung des Schöpfers gewidmet sein sollte. Er nannte ihn Sabbat.

Die Kinder hatten die Geschichte von der Schöpfung der Erde schon oft gehört, aber irgendwie genossen sie es, sie von Tante Traude noch einmal erzählt zu bekommen. Diesmal dachte Lucas über eine neue Frage nach.

„Tante Traude, schuf Gott keine Baby-Dinge? Ich dachte immer, dass Pflanzen und Tiere und auch Menschen am Anfang immer ganz klein sind und erst groß werden müssen."

„Ja, so war es immer seit den ersten Geschöpfen", erklärte Tante Traude. „Vielleicht schuf Gott sie klein und ließ sie schnell groß werden. Oder er schuf sie schon in ihrer vollen Größe. Sein Plan war, fertig ausgewachsene Bäume und Pflanzen zu haben, die den Tieren und Menschen, die er in ein oder zwei Tagen erschaffen würde, Nahrung liefern könnten. Und es gab ja keine Mutter- und Vatertiere und Menschen, die auf die Babys hätten aufpassen können. Deshalb mussten die ersten Lebewesen ganz ausgewachsen sein."

Paula dachte nach: „Gott ist sehr weise", sagte sie nach einer Weile.

„Ja", stimmte Tante Traude zu. „Gott ist sehr weise."

„Er hat wirklich alles genau durchdacht", sagte Lucas, der mit seinen Gedanken noch immer bei der Antwort auf seine letzte Frage war.

„Ja, das hat er", sagte Tante Traude.

25.

LUZIFER BEDAUERT SEINE TAT

Lasst uns jetzt zurückgehen und uns anschauen, was Luzifer seit dem Tag, als er den Krieg im Himmel anzettelte und hinausgeworfen wurde, gemacht hat. Erinnert ihr euch, dass er den Engeln gerechtere Regeln und größeres Glück versprach, wenn sie ihm folgen würden, und dass sich ein Drittel von ihnen entschied, auf seine Seite zu treten? Er musste also Tausende und Abertausende Engel bei sich gehabt haben. Stellen wir uns vor, dass wir sie einen Augenblick beobachten können.

Luzifer stand da und schaute nicht glücklich aus. Er war über die Entwicklung seines Aufstandes erstaunt. Nichts war so, wie er es erwartet hatte. Hier Oberbefehlshaber zu sein, war etwas völlig anderes als Befehlshaber im Himmel.

Eines Tages ging er ganz allein spazieren, um über alles nachzudenken. Seine Engel wirkten sehr niedergeschlagen, und ihr unglücklicher Zustand war größtenteils seine Schuld. Es schauderte ihn, wenn er daran dachte, was aus ihnen allen werden würde, und wünschte, dass nicht er verantwortlich dafür wäre, sie in diese Lage gebracht zu haben.

Nach einer langen Weile düsteren Nachdenkens blickte Luzifer plötzlich auf. Was war jetzt für eine Zeit? Ja, es war die Zeit der

Anbetung im Himmel. Immer hatte er den himmlischen Chor geleitet. Er fragte sich, wer ihn wohl jetzt leitet.

Aber was waren das für Geräusche, die da an seine Ohren drangen? Anstatt lieblicher Musik hörte er bittere Worte und heftigen Streit. Er schloss seine Augen und schüttelte den Kopf. Wo war er nur? Würden sich die leuchtenden Tore des Himmels nie wieder für ihn öffnen? Oh, das musste ein schrecklicher Traum sein! Aber nein! Es war Wirklichkeit. Schreckliche Wirklichkeit! Er schaute zu seinen Engeln hinüber. Ihre Freude war verschwunden. Einige saßen herum, von Verzweiflung gebeugt, zu unglücklich, um zu sprechen. Andere irrten rastlos umher, stritten und schimpften miteinander oder beachteten sich einfach nicht.

„Es ist alles deine Schuld, dass ich hier unten in diesem Elend bin!", beschuldigte einer seinen besten Freund.

„Meine Schuld?", entgegnete der andere. „Niemand hat dich gezwungen, sich dieser Gruppe anzuschließen. Du hast dich selbst entschieden. Jeder von uns hat seine eigene Wahl getroffen! Also hör auf, mir die Schuld in die Schuhe zu schieben!"

„Ja", schrie der andere mit bitterem Zorn zurück, „aber als ich meine Meinung änderte und zu den treuen Engeln zurückwollte, wer war es da, der redete und redete, um mich zu überzeugen, bei den Rebellen zu bleiben? Du, mein bester Freund!" Er schritt davon und murmelte zu sich selbst: „Mein bester Freund. Ha! Mein schlimmster Feind, wie sich herausgestellt hat."

Luzifer schauderte, als er das sah und hörte. Oh, wenn er und seine Anhänger doch nur zurück in den Himmel könnten, würde er sich glücklich in Anbetung vor Gott dem Sohn beugen! Aber jetzt war es zu spät. Er hatte den Himmel verloren, jeder seiner Anhänger ebenso. Tiefes Schluchzen schüttelte seinen Körper, wie ein Sturm einen starken Baum rüttelt, und er weinte bitterlich.

Er blickte hinaus ins Weltall zum Himmel. Was sah er da in der Entfernung? Es war ein Botenengel, der da vorbeikam. Luzifer rief ihn an und bat ihn herbei. Der Engel kam. Überrascht und voll Mitleid sah er die große Veränderung des einst so stolzen Luzifers.

„Würdest du, bitte, Gott dem Sohn eine Nachricht von mir überbringen?", fragte Luzifer. „Sag ihm, ich bitte um die Erlaubnis, mit ihm zu reden."

Der Engel erwiderte, dass er die Nachricht freudig überbringen werde. Gott der Sohn stimmte dem Treffen zu.

Luzifer erzählte Gott dem Sohn, dass er seinen Aufruhr bereue. Wenn er ihm nur erlauben würde, zurück in den Himmel zu kommen, wäre er mit seinem Platz zufrieden. Er wäre sogar freudig bereit, ein gewöhnlicher Engel zu sein – Hauptsache, er könnte wieder heimkehren.

Die anderen Engel scharten sich um ihn. Auf Knien baten sie, zurück in den Himmel genommen zu werden. Gemeinsam mit Luzifer bettelten, flehten und weinten sie.

Gott der Sohn sah sie mit unendlicher Traurigkeit an, als er langsam den Kopf schüttelte. Dann bedeckte er sein Gesicht mit seinen Händen und weinte.

Ich kann mir vorstellen, wie die treuen Engel hinunterblickten und ängstlich alles beobachteten. Was für ein Bild sich doch ihren Augen bot! Da stand Gott der Sohn, der Gott des Himmels, der große Schöpfer, von Kummer gebeugt und weinend über seine verlorenen Engelkinder. Um ihn herum knieten Luzifer und all seine Engel, mit ausgestreckten Händen, bettelnd, weinend und flehend, um wieder zurück in den Himmel zu dürfen.

Tränen flossen über sein Gesicht, als Gott der Sohn Luzifer auf diese Weise antwortete: „Oh Luzifer, du warst der Größte von all meinen Geschöpfen. Ich schuf dich so. Du warst mein auserwählter Begleiter, der schirmende Cherub neben dem Thron. Mehr als jedes Geschöpf im ganzen Universum Gottes wurdest du geehrt. Dann hast du dich gegen mich aufgelehnt. Du warst mein bester Freund. Ich bettelte und weinte und flehte, damit du umkehrst. Aber du wolltest nicht. Treue Engel versuchten dich mit liebevollen Worten und unter Tränen zu überzeugen. Aber du wolltest nicht. Es gab keinen Grund und keine Entschuldigung für deinen Aufruhr. Jetzt bist du verzweifelt und würdest gerne zurückkehren. Aber in deinem Herzen bist du noch immer derselbe. Wir können nie wieder eine Rebellion im Himmel riskieren."

„Du meinst, wir können nicht zurück?", schrien Luzifer und seine Engel entsetzt.

Traurig schüttelte Gott der Sohn den Kopf. „Nein, ihr könnt nicht zurück."

„Nie wieder?", schrien sie voller Verzweiflung.

„Nein, nie wieder", lautete die ruhige Antwort.

Bei diesen Worten fielen sie auf ihr Angesicht und heulten in hoffnungsloser Verzweiflung. Als sich ihr Kummer gelegt hatte, blickten sie auf. Gott der Sohn war verschwunden. Sie waren alleine. Außerhalb des Himmels – für immer.

Als die Geschichte zu Ende war, sagte keines der Kinder ein Wort. Jeder saß da und überlegte und überlegte.

Nach einer langen Weile hatte Paula eine Frage: „Wusste Gott sicher, das sich Luzifer und seine Engel nicht geändert hätten, wenn sie zurückgekehrt wären?"

„Ja", antwortete Tante Traude. „denn Gott versteht unsere Herzen noch besser, als wir sie selbst verstehen. Hast du jemals Heimweh gehabt, wenn du von zu Hause fort warst? Vielleicht hast du gedacht: ‚Oh, wenn ich meine Mama wieder sehe, werde ich immer lieb und nie mehr ungehorsam sein.' Nachdem du eine Weile zu Hause warst, scheint wieder alles wie immer zu sein und du verhältst dich wie sonst auch. Gott wusste, dass es mit Luzifer und seinen Engeln genauso gewesen wäre."

26.

DER KRIEG GEHT WEITER

Als Luzifer und seinen Engeln klar wurde, dass sie für immer aus dem Himmel ausgeschlossen waren, wurden ihre Herzen von Verzweiflung ergriffen. Sie entschlossen sich, nach Möglichkeiten zu suchen, um wieder in den Himmel zu gelangen. Und wenn sie schon nicht zurück könnten, würden sie wenigstens alle nur erdenklichen Schwierigkeiten verursachen. Sie hassten Gott und wollten gleich mächtig wie er sein.

Aus Luzifer, dem Lichtträger und Gottes lieblichstem Engel, wurde der Teufel, der böse Feind. Wir können ihn nicht mehr länger nach seinem schönen Namen Luzifer nennen. Wir müssen ihn Satan nennen, den Feind.

Als es ihm nicht gestattet wurde, durch die Tore des Himmels zu schreiten, wartete Satan einfach vor dem Eingang, um die guten Engel, die ein- und ausgingen, zu ärgern. Er verspottete und beschimpfte sie und versuchte, mit ihnen Streit anzufangen. er wollte sie zornig machen, damit sie etwas Falsches sagen oder tun würden. Dann wären sie ebenfalls Sünder und würden zu ihm hinausgeworfen werden.

Ich kann mir vorstellen, dass er aber auch noch etwas anderes im Schilde führte. Vielleicht machte er sich insgeheim Hoffnungen, Verwirrung zu stiften. So könnte er unbemerkt durch das Tor schleichen.

Würde Gott ihn dann fragen, wie er hereingekommen sei, könnte er auf die Engel verweisen und sagen: „Sie haben mich hereingelassen!" Auf diese Weise würden die Engel Probleme bekommen – so dachte er zumindest. Er hatte alle möglichen Einfälle, um andere zu ärgern.

Dann hatte er eine besondere Idee. Das war wirklich ein gewaltiger Plan. Er rief seine Engel zusammen, um ihnen davon zu berichten. Stellen wir uns vor, was er ihnen wahrscheinlich gesagt hat.

„Freut euch, meine treuen Nachfolger! Sie mögen uns aus dem Himmel geworfen haben, aber sie kennen den großartigen Luzifer nicht! Ich werde mir einen Weg ausdenken, wie wir sie besiegen können."

Beim Klang dieser kühnen Worte hoben die Engel die Köpfe. Sie waren vor Verzweiflung völlig entmutigt gewesen, seitdem Gott der Sohn ihnen gesagt hatte, dass sie nie wieder zurück in den Himmel könnten.

„Ich bin mir sicher, dass ihr alle von der neuen Welt gehört habt, die sie erschufen, nachdem wir den Himmel verlassen hatten. Wenn ich es irgendwie schaffe, die neuen Menschen zu überreden, die Regeln zu brechen, dann würden sie Sünder sein wie wir auch. Wenn Gott dann irgendeine Vorkehrung trifft, um sie zu retten, könnten auch wir davon Nutzen ziehen und zurück in den Himmel kommen."

Die Engel richteten sich auf und begannen sich für den Plan zu interessieren. Einer von ihnen stellte eine Frage: „Was macht dich so sicher, dass wir in diesem Plan, die Menschen zu retten, eingeschlossen sind?"

„Vielleicht sind wir es nicht", gab Satan zu. „Aber wir können es versuchen."

„Was, wenn es so nicht funktioniert?", fragte ein Engel. Aber Satan hatte sich bereits ein anderes Argument überlegt. „Wenn sie ungehorsam sind, sind sie Rebellen gegen das Gesetz wie wir. Wir könnten uns mit ihnen verbünden und die neue Welt zu unserem Zuhause machen. Wir hätten dann auch Zugang zu dem Baum des Lebens."

Jetzt klang er langsam wieder wie der alte Luzifer – immer zu einer klugen Antwort bereit und voll großer Ideen. Die Engel fühlten, wie ein wenig Mut zurückkehrte, und meinten, dass er immer noch ein Führer sei, dem zu folgen es sich lohnte. Er könnte sie aus dieser hoffnungslosen Lage herausholen, dachten sie.

„Wie wäre es, wenn wir es zuerst mit einer der anderen Welten versuchten?", warf ein anderer Engel ein. „Wir wissen mehr über sie als über diese neue Welt."

Aber Satan schüttelte den Kopf. „Nein, das wäre nicht so gut. Ihr wisst, wie sich Neuigkeiten verbreiten. Die Menschen auf diesen Welten haben vielleicht schon von uns gehört. Sie könnten auf der Hut sein. Aber mit diesen neuen Menschen ist es etwas anderes. Sie waren nicht da, als der Kampf stattfand, und es ist wohl einfacher, sie zu verführen."

Nun, es sah so aus, als ob Satan auf alles eine Antwort hätte. Der Großteil der Menge war bereit, alles zu tun, was er vorschlug. Einige von ihnen hatten Angst, dass es zu gefährlich sei und eine zu schreckliche Sache wäre, das Glück der Welten zu zerstören.

„Angenommen, wir versuchen es und scheitern", warfen sie ein. „Alles, was dabei herauskäme, wäre eine noch schrecklichere Bestrafung, als wir jetzt schon ertragen müssen. Vielleicht wäre es besser, es bleiben zu lassen."

„Nun, ich werde mich an einen ruhigen Platz zurückziehen, wo ich alleine sein und noch mehr Pläne schmieden kann", verkündete Satan. „Besprecht die Dinge, während ich weg bin, und lasst mich dann wissen, was ihr entschieden habt. Aber vergesst nicht, dass dies unsere letzte und einzige Chance ist, zurück in den Himmel zu gelangen. Es wäre besser, ihr würdet meinen Plänen zustimmen."

Als Satan allein war, war er nicht mehr so selbstsicher, denn in seinem Herzen spürte er Angst hochsteigen. Er schauderte bei dem Gedanken, diese unschuldigen neuen Menschen leiden zu lassen, so wie er und seine Engel litten. Manchmal konnte er den Gedanken daran kaum ertragen.

Aber was hörte er da? Seine Engel riefen ihn. Sie teilten ihm mit, dass sie in seine Pläne einwilligten, ihren Teil der Verantwortung übernehmen und die Folgen tragen würden.

Schnell schüttelte Satan seine Gefühle der Unentschlossenheit ab und gab sich vor seinen Anhängern mutig und stolz. Er erzählte ihnen von seinem Plan. „Ich wage es nicht, zu den neuen Menschen zu gehen und gegen Gott zu sprechen, denn sie würden es durchschauen. Wenn ich ihnen als der, der ich bin, erscheinen würde – als großer, mächtiger Engel – wären sie misstrauisch. Ich muss klüger sein und sie irgendwie hintergehen."

Alle Engel stimmten ihm zu. „Was immer du entscheidest, ist für uns in Ordnung", sagten sie.

„Das wird so eine schwierige und wichtige Aufgabe, dass ich sie besser selbst erledige. Ich werde allein gehen. Ihr alle bleibt hier, bis ich zurückkomme." Mit diesen Worten machte sich Satan auf den Weg, um seinen teuflischen Plan auszuführen und die neuen Menschen zu betrügen.

Währenddessen war gab es auch im Himmel eine Versammlung. Nachdem Gott der Sohn von seinem Treffen mit Satan und seinen Engeln zurückgekehrt war, warnte er die himmlischen Engeln.

„Satan und seine Armee sind verzweifelt. Sie werden alles nur Mögliche versuchen, um in den Himmel einzudringen und euch Engel zu belästigen. Seid wachsam!"

Jeder Engel erhielt eine goldene Karte. Keinem von ihnen war es erlaubt durch die himmlischen Tore zu gehen ohne diese goldene Karte zu zeigen. Zweifellos war diese Sicherheitsmaßnahme eingeführt worden, um zu verhindern, dass sich Satan und seine Engel Zugang zum Himmel verschaffen würden.

Auch die Menschen auf der neuen Welt müssten gewarnt werden, denn Satan werde ganz sicher versuchen, dort irgendetwas anzustellen. Also wurden zwei Engel losgeschickt, um zur neuen Welt zu eilen.

Der Mann und die Frau waren erfreut, ihre himmlischen Besucher zu sehen. Sie hatten immer so viele Fragen, wenn sie Besuch aus dem Himmel erhielten. Die zwei Engel beantworteten alles mit großer Freude. Dann sagten sie: „Wir müssen euch heute etwas berichten!", und sie erzählten ihnen die traurige Geschichte von Luzifer.

Als die Geschichte zu Ende war, sagten die Engel: „Jetzt wird Satan versuchen, euch Schaden zuzufügen. Aber er kann euch nichts antun, solange ihr gegenüber Gott gehorsam seid. Gott wird alle Engel des Himmels schicken, um euch, wenn notwendig, zu helfen. Aber wenn ihr ungehorsam seid, wird Satan Macht haben, euch für immer Probleme zu bereiten. Gott zwingt euch nicht zum Gehorsam. Ihr könnt wählen, ob ihr gehorcht oder nicht."

„Oh, wir denken ja nicht daran, Gott gegenüber ungehorsam zu sein", versicherten die Menschen den Engeln.

„Wir raten euch auch, dass ihr euch dem Baum, von dem Gott gesagt hat, ihr sollt ihn nicht berühren, nicht einmal nähert", betonten die Engel. „Wenn ihr zusammenbleibt, seid ihr außerdem sicherer, als wenn einer von euch allein ist."

Es war schon spät am Abend. Die Engel blieben, um mit ihnen ein Lied der Anbetung für Gott zu singen; dann flogen sie zurück in ihre himmlische Heimat.

„Ich dachte, der Kampf war vorbei, als Satan aus dem Himmel fiel", bemerkte Paula.

„Nein, nein", sagte Tante Traude. „Der Krieg hat eine lange, lange Geschichte. Ich werde euch morgen Abend ein wenig mehr davon erzählen."

27.

SATAN BETRITT DEN GARTEN

Nun war Satan bereit, seinen Plan, die neue Welt zu erobern, auszuführen. Er fand den Garten der Menschen und sah sich vorsichtig um, und überlegte wie er es am besten anstellen würde. Als er zum ersten Mal hineinspähte und die Menschen da so glücklich in ihrem wunderschönen Zuhause sah, konnte er den Gedanken kaum ertragen, dies alles zu zerstören.

„Genauso habe ich mich im Himmel gefühlt", dachte er, als er sie beobachtete. „Wie schrecklich, sie so leiden zu lassen, wie ich es tue."

Aber als er sie mit ihren himmlischen Besuchern zur Ehre Gottes singen hörte, wurde sein Herz vor Zorn und Hass wieder hart. „Wartet nur, wenn ich mit ihnen fertig bin", zischte er mit zusammengebissenen Zähnen. „Ich werde sie dazu bringen, Gott zu verfluchen, anstatt ihn zu preisen!"

Der einzige Platz im Garten, den er betreten durfte, war am verbotenen Baum. So hatte es Gott bestimmt. Also, was sollte er tun? Er entdeckte, dass die wunderschöne Schlange das klügste Geschöpf war, das Gott erschaffen hatte. Sie hatte Flügel und aß Früchte wie ein Mensch. Er erkannte, dass es am besten wäre, die Gestalt einer Schlange anzunehmen.

Eines Morgens war die Frau so sehr damit beschäftigt, sich um die Blumen zu kümmern, dass sie gar nicht bemerkte, wie weit sie sich von ihrem Ehemann entfernt hatte. Nicht nur das, sie konnte sogar den besonderen Baum sehen. Zuerst ahnte sie wohl die Gefahr, aber dann dachte sie, es sei wohl nichts hier, was ihr weh tun könnte. Warum sollte sie sich den Baum nicht einmal näher ansehen, wenn sie schon einmal die Gelegenheit dazu hatte?

Satan entdeckte sie, wie sie dort stand und herüberblickte. „Ah!", dachte er. „Jetzt kommt meine Chance!" Er benutzte die Schlange als Tarnung, setzte sich in den Baum und aß.

Die Frau hörte plötzlich eine Stimme, die sie rief. Sie war überrascht und blickte umher. Aber kein Engel war zu sehen. Die Stimme war wieder zu hören. Es schien, als würde sie vom Baum kommen. „Du bist das schönste Geschöpf auf der ganzen Welt", sagte die Stimme. „Komm näher, damit ich dich besser sehen kann. Oh, wie lieblich du doch bist!"

Diese Worte gefielen der Frau und sie kam näher und schaute genauer. Es war ja die Schlange, die da zu ihr sprach! Und? Sie aß eine Frucht!

„Bist du überrascht, dass du mich reden siehst?", fragte die Schlange zwischen zwei Bissen. „Wenn ich diese geheimnisvolle Frucht esse, kann ich alles tun. Warum probierst du nicht auch? Übrigens, hat Gott denn gesagt, dass es irgendwelche Bäume gibt, von denen ihr nicht essen sollt?"

„Ja", antwortete sie. „Das ist er. Das ist der Baum."

„Nun ja, es sieht Gott ähnlich, das zu sagen", fuhr die Schlange fort, während sie genüßlich aß.

„Er weiß, dass, wenn ihr von diesem geheimnisvollen Baum esst, ihr so klug sein werdet wie er. Natürlich will er der Allerklügste bleiben, darum sollt ihr davon nicht essen. Manchmal denke ich, dass Gott nicht immer gerecht ist. Aber warum nimmst du nicht einfach eine Frucht? Bediene dich!"

„Aber Gott sagte, dass, wenn wir die Früchte auch nur berühren, wir sterben müssten", erwiderte die Frau.

„Nun, schau mich an. Du siehst ja selbst, dass es nicht so ist. Da, nimm!" Die Schlange pflückte eine Frucht und legte sie in ihre Hand.

„Siehst du! Was habe ich dir gesagt? Du hast sie berührt, und es hat dich nicht ein bisschen verletzt. Also, warum isst du nicht? Du wirst überrascht sein, was mit dir geschehen wird."

Also aß die Frau. Dann pflückte sie noch mehr Früchte und eilte zu ihrem Ehemann. Aufgeregt berichtete sie ihm von der geheimnisvollen Frucht und der sprechenden Schlange.

Ihr Ehemann wurde von Panik ergriffen. „Oh, meine Liebe! Was hast du getan? Das muss der Feind gewesen sein, vor dem man uns gewarnt hat, und jetzt wirst du sterben!"

„Aber schau mich doch an!", rief sie. „Schau ich nicht aus wie immer? Ich fühle mich gut – sogar besser als sonst. Warum probierst du nicht auch davon?"

Er blickte sie an. Jetzt, wo er im Begriff stand, sie zu verlieren, schien sie ihm noch schöner denn je. Er fühlte sich elend. Was sollte er tun? Schließlich entschloss er sich, mit ihr zu gehen. Schnell ergriff er die Frucht und aß hastig einen Bissen, damit er nicht versucht würde, seine Meinung zu ändern.

Jetzt hatten sie es getan! Was würde geschehen? Sie fühlten sich gut. Vielleicht würde ja nichts passieren. Aber nach einer Weile beschlich sie ein eigenartiges Gefühl. Sie fröstelten ein wenig. Da erkannten sie voller Schrecken, dass sich ihre Kleider aus Licht langsam von ihnen entfernten. Sollten sie nicht auch gleich Besuch von den himmlischen Bewohnern bekommen! Was sollten sie tun? Sie mussten sich bekleiden. Aber womit?

Sie rannten zur nächsten Baumgruppe und machten sich behelfsmäßige Kleider aus den größten Blättern, die sie finden konnten. Wir können uns vorstellen, dass sie währenddessen zu streiten anfingen.

Der Mann schimpfte mit seiner Frau: „Wenn du bei mir geblieben wärst, hättest du uns nicht in solche Schwierigkeiten gebracht."

„Nun, warum hast du mich nicht gesucht? Es zeigt ja nur, dass es dich nicht kümmert, wenn ich verloren gehe oder mir etwas zustößt", erwiderte die Frau.

Dann hörten sie die Stimme Gottes im Garten, die sie rief. Es war das erste Mal, dass sie nicht am Tor waren, um ihre himmlischen Besucher zu begrüßen. Sie waren wütend. Was sollten sie nur tun? Nun, Gott würde sie früher oder später entdecken. Es machte keinen Sinn, sich zu verbergen. Also antwortete der Mann: „Wir haben festgestellt, dass unsere Kleider aus irgendeinem Grund verschwanden, und darum sind wir hierher zurückgekommen, um uns etwas zum Anziehen zu machen."

Dann kam die gefürchtete Frage: „Habt ihr von dem verbotenen Baum gegessen?"

Jetzt war das Geheimnis gelüftet. Sie konnten nun genauso gut aus ihrem Versteck auftauchen und sich der Sache stellen. Niedergeschlagen und beschämt standen sie vor ihrem Schöpfer. Gott der Sohn blickte sie sorgenvoll an.

„Was habt ihr getan, meine Kinder? Was habt ihr nur getan!"

Der Mann klagte Gott an. „Diese Frau, die du für mich gemacht hast – sie hat mir die Frucht gegeben."

„Die Schlange hat mich betrogen", verteidigte sich die Frau entschuldigend.

Dann erklärte ihnen Gott, was die Folgen ihrer Tat seien. Der Mann und die Frau würden Schmerz und Sorgen haben. Sie würden hart für ihr Leben arbeiten müssen und könnten nicht mehr länger in diesem wunderschönen Garten leben. Außerdem sollte die Schlange, die bisher das schönste Tier war, das hässlichste und am meisten gehasste Lebewesen werden.

„Oh, bitte, lass uns in unserem lieblichen Zuhause bleiben!", flehten sie. „Wir werden nie wieder ungehorsam sein. Wir versprechen es!"

Aber Gott konnte ihre Bitte nicht erhören. Weil sie Satan nachgegeben hatten, habe dieser jetzt mehr Macht über sie, und sie seien schwächer, um ihm zu widerstehen. Außerdem könne es Gott nicht riskieren, dass Sünder vom Baum des Lebens essen. Wenn böse Engel und gefallene Menschen vom Baum des Lebens essen würden, könnten sie ewig leben. Dann würden Sünde und Streit nie mehr aufhören.

Als die Geschichte zu Ende war, hatten die Kinder wie immer Fragen. Lucas wollte wissen, wie groß der erste Mann war und wie er hieß.

„In unserer Sprache wird er Adam genannt, und der Name der Frau war Eva", antwortete Tante Traude.

Lucas lächelte verlegen, denn das hatte er eigentlich die ganze Zeit gewusst.

Tante Traude erklärte ihnen außerdem, dass die ersten Menschen wahrscheinlich zweimal so groß wie wir waren. Bäume, Tiere, Menschen – alles war viel größer. Sie lebten auch viel länger. Am Anfang wurden manche Menschen fast tausend Jahre alt. Das kam daher, weil Adam und Eva vom Baum des Lebens gegessen hatten. Als die Zeit verging, nahm ihre Kraft ab; auch Krankheiten begannen das Leben zu verkürzen.

Paula hatte auch eine Frage: „Was wäre geschehen, wenn Adam nicht auf Eva gehört hätte? Hätte sie allein sterben müssen?"

„Wir wissen nicht, wie Gott diese Sache gelöst hätte, aber zuerst einmal müsst ihr wissen, dass Adams Sünde anders war als die von Eva", erklärte Tante Traude. „Er wusste, was er tat, und entschied sich dafür. Eva war getäuscht worden. Wenn sie bereut hätte, hätte Gott vielleicht einen Weg gefunden, die ganze Sache zu klären. Wenn sich Adam nur dafür entschieden hätte, alles mit Gott zu besprechen, bevor er seine Wahl traf, hätte Gott sie retten können, und alle anderen von uns auch."

28.

GOTT VERKÜNDET SEINEN PLAN

Nachdem Satan Eva dazu verführt hatte, die verbotene Frucht zu essen, blieb er wohl für den Rest des Tages in der Nähe des Gartens, um zu sehen, was passierte. Besorgt beobachtete er, was Adam tat. Als er sah, dass sich Adam entschied, ungehorsam zu sein und zu essen, konnte sich Satan kaum zurückhalten, nicht in lautes Jubeln auszubrechen. Was für ein teuflisches Lächeln muss er aufgesetzt haben, als die wunderschönen Lichtmäntel nach und nach von Adam und Eva wichen.

Als Satan Gott den Sohn vom Himmel kommen und den Garten betreten sah, horchte er sorgfältig auf jedes Wort. Er las die Sorge im Gesicht von Gott dem Sohn. Er bemerkte die schuldige Scham der Menschen, als sie vor Gott standen. Er sah ihren großen Schmerz, als sie Gottes Worte vernahmen. All das machte ihn glücklich.

Als Satan die Worte von Gott dem Sohn hörte, wusste er, dass sein Plan erfolgreich gewesen war. Ich kann mir vorstellen, wie er so schnell wie möglich zurück zu seinen Engeln eilte und ihnen entgegenrief: „Es hat funktioniert! Mein Plan hat funktioniert!"

Seine Engel begrüßten die Nachricht mit Rufen voll teuflischer Schadenfreude. Denn sie alle waren zu Teufeln geworden, und jede schlechte Nachricht war für sie eine gute. Satan verkündete, dass ab jetzt er der Herrscher der Erde sei, und seine Scharen teuflischer Engel machten sich bereit, die wunderschöne neue Welt in Besitz zu nehmen.

Die Nachricht von Adams Ungehorsam erfüllte den Himmel mit Sorge. Als sich die Botschaft von Engel zu Engel verbreitete, verstummten die Harfen und endete der Gesang, bis eine unheimliche Stille voll von Schmerz über dem gesamten Himmel hing.

Als Gott der Sohn von der Erde zurückkehrte, ging er direkt zum Thron des Vaters. Die Engel versammelten sich und warteten und beobachteten alles mit angespannter Sorge. Sie fragten sich, was jetzt geschehen würde.

Dreimal sahen sie den Sohn zum Vater gehen und ernst mit ihm sprechen. Es war schwer für den Vater, seinen Sohn herzugeben, um für die schuldigen Menschen zu sterben. Nachdem er das dritte Mal mit dem Vater gesprochen hatte, erschien der Sohn vor den Engeln. Er enthüllte ihnen den Plan, den er mit dem Vater entworfen hatte, um den verlorenen Menschen eine Chance zu geben, zu Gott zurückzukehren. Die Engel lauschten voller Interesse.

„Ich habe mich beim Vater dafür eingesetzt, dass ich den Plan, den wir vor langer Zeit beschlossen haben, ausführe. Jetzt, wo der Mensch auf der neuen Welt von Satan zur Sünde verführt wurde, werden wir den Plan umsetzen, damit die Menschen erneut die Gelegenheit haben, den Weg des Lebens zu wählen."

Die Engel rückten näher, um nur ja kein Wort zu überhören.

„Ich werde auf die Erde gehen und Mensch werden. Luzifer oder Satan hat gesagt, dass die Regeln des Lebens zu hart für Engel oder Menschen seien, um ihnen zu gehorchen. Also werde ich beweisen, dass ein Mensch ihnen gehorchen kann, indem ich es selbst versuche. Satan wird es mir so schwer wie möglich machen. Er wird mich versuchen und bewirken, dass mich Leute hassen und abscheulich behandeln. Nicht viele werden auf mich hören. Wenn ihr seht, wie grausam die Menschen zu mir sind, werdet ihr mich befreien wollen. Aber ihr dürft nicht eingreifen, wie sehr sie mich auch schlagen. Schließlich werden sie mich auf die denkbar grausamste Art und Weise töten."

Die Engel konnten es nicht ertragen, noch mehr zu hören. „Nein! Nein! Das dürfen sie dir nicht antun!", weinten sie und warfen sich zu seinen Füßen.

Einige der Engel boten sich sogar an, an seiner Stelle zu sterben. Aber sie konnten den Preis nicht bezahlen, weil sie geschaffene Wesen waren. Nur der, der die Gesetze gemacht hatte, konnte das tun. Natürlich muss derjenige, der das Verbrechen begangen hat, auch die Strafe erhalten. Aber Gott hatte solch ein Mitleid mit seinen Menschen, dass er anbot, ihre Strafe auf sich zu nehmen.

Die Engel konnten über Gottes Plan nicht glücklich sein. Die Vorstellung, was für einen Leidensweg Gott der Sohn vor sich hatte, war nur schwer zu ertragen. Darum erklärte ihnen Gott ein wenig mehr.

„Während ich ein Mensch bin, werde ich nicht so stark wie ihr sein, und es ist euch erlaubt, mich zu stärken. Außerdem sollt ihr all jenen Menschen helfen, die sich entscheiden, mir treu zu sein. Wenn die richtige Zeit kommt, werden all die treuen Menschen in den Himmel gebracht werden. Dann werden Satan und all die, die das Böse gewählt haben, vernichtet werden. Von da an wird sich nie, nie mehr irgendein Geschöpf entscheiden, die Regeln des Lebens zu brechen. Nie mehr wird es Probleme geben. Auf all den Welten und in der himmlischen Heimat wird für immer Glück herrschen, so wie es von Anfang an hätte sein sollen."

Als die Engel das hörten, jubelten sie und wollten wieder singen. Gottes Liebe war noch wunderbarer, als sie es sich je hätten träumen lassen. Also sangen sie Loblieder und beugten sich nieder, um anzubeten.

Jetzt, wo alles geklärt war, begannen die Engel damit, ihren Teil zu Gottes Plan beizutragen. Zuerst wurden einige von ihnen auf die Erde gesandt, um den Mann und die Frau aus ihrem Garten zu bringen. Es war keine erfreuliche Aufgabe, denn die Menschen wollten ihre geliebte Heimat nicht verlassen. Aber es musste sein. Dann mussten die Engel am Tor Wache halten, damit keiner mehr in den Garten Eden hineinkonnte, denn keinem Sünder war es gestattet, vom Baum des Lebens zu essen. Um die Engel blitzten Lichtstrahlen wie funkelnde Schwerter auf, dadurch schien das Tor am Eingang des Gartens Eden beinahe ein wenig wie der Thron Gottes mit dem hell scheinenden Licht. Darum kamen die Menschen immer zu diesem Tor, um Gott anzubeten.

Dann schickte Gott Engel aus, um den Mann und die Frau zu besuchen. Wisst ihr, seitdem sie gesündigt hatten, konnte Gott sie nicht mehr so besuchen, wie er es gewohnt war. Das helle, leuchtende Licht um ihn herum hätte jede Sünde, die in seine Nähe gekommen wäre, verbrannt. Wäre in den Menschen Sünde gewesen, hätte das mächtige Licht die Menschen mit ihren Sünden ganz von selbst vernichtet. Darum hielt sich Gott gnädig von ihnen fern, außer wenn er seine Herrlichkeit auf irgendeine Weise verdeckte.

Der Mann und die Frau hatten wegen ihrer Sünde und deren Folgen gebrochene Herzen. Daher erklärten die Engel ihnen den Plan Gottes, an ihrer Stelle zu sterben und die Strafe auf sich zu nehmen. Sie waren so dankbar, die Aussicht zu haben, wieder zu leben. Aber als Adam über alles nachdachte, fühlte er sich schlechter denn je.

„Es war schlimm genug, dass ich mich in solche Schwierigkeiten gebracht habe", weinte er. „Aber Gott den Sohn sterben zu lassen – oh, das ist einfach zu schrecklich!"

Aber die Engel versicherten Adam, dass ihn der Sohn Gottes so sehr liebe, dass er den Preis für ihn bezahlen wolle. „Die einzige Sache, die sich Gott wünscht", teilten sie ihm mit, „ist, dass du das Angebot annimmst und wieder sein Kind bist. Das ist alles, was er will. Dann ist alles vergolten."

Die Engel erklärten weitere Einzelheiten des Planes und überbrachten ihm folgende Botschaft von Gott: „Damit ich weiß, dass du meinen Plan annimmst und wieder mein Kind sein möchtest, wünsche ich mir, dass du, wenn du hierher kommst, um anzubeten, ein Opferlamm bringst. Der Tod des Lammes wird dich daran erinnern, dass ich für dich sterben werde."

Als Adam das hörte, konnte er es kaum fassen. Er hatte noch nie etwas sterben sehen. In Wahrheit war noch nie etwas im gesamten Universum jemals zuvor gestorben, also wussten selbst die Engel nicht, was es bedeutete, wenn etwas stirbt. Adam musste eines seiner

Schäfchen mit seinen eigenen Händen töten. Er fühlte sich so elend. Ihm wurde bewusst, wie viel Leid und Not er in die Welt gebracht hatte, als er die Regeln brach.

Paula und Lucas konnten es kaum glauben, als ihnen Tante Traude sagte, dass noch nie zuvor etwas gestorben war.

„Du meinst, es hat überhaupt keinen Tod gegeben? Nicht einmal auf den anderen Welten?"

„Nein, nichts ist je zuvor gestorben, krank oder verletzt gewesen. Gott hatte nie geplant, dass solche Dinge passieren sollten. Diese Dinge geschahen erst, nachdem jemand die Regeln gebrochen hatte."

„Waren die Engel überrascht?", fragte Lucas.

„Sie mussten voll Kummer und Schrecken gewesen sein, als sie es zum ersten Mal sahen. Selbst der Teufel und seine Engel mussten einen Schock gehabt haben, als sie mit dem Tod konfrontiert wurden. Aber in ihren bösen Herzen waren sie glücklich, denn es lieferte ihnen eine weitere Möglichkeit, viel Ärger zu bereiten. Ich werde euch mehr davon in der nächsten Geschichte erzählen."

29.

DER KRIEG BEGINNT ERNEUT

Der Teufel und seine Scharen böser Engel waren bei der Aussicht, die neue Welt als ihr Zuhause einzunehmen, sehr aufgeregt. Aber als sie ankamen, wurden sie sehr enttäuscht. Sie hatten geglaubt, im Garten Eden vom Baum des Lebens essen zu können. Aber nun sahen sie, dass die Menschen aus dem Garten vertrieben worden waren, und an den Toren standen Wächterengel.

Satan erfuhr aber etwas, was ihm große Freude bereitete. Den Gesprächen zwischen Menschen und Engeln konnte er entnehmen, dass Gott der Sohn auf die Erde herabkommen werde. Er verstand nicht viel von dem, was sie besprachen, aber ich bin mir sicher, dass er seine Augen und Ohren weit öffnete, um so viel wie möglich mitzubekommen.

Ich kann mir vorstellen, wie er sich die Hände vor Genugtuung rieb, während er seinen Anhängern davon berichtete. „Denkt nur! Wir haben nicht nur die Menschen in Schwierigkeiten gebracht, damit wir ihre Welt haben können, sondern wir haben es sogar geschafft, Gott den Sohn aus dem Himmel zu locken. Ich hätte mir nicht träumen lassen, dass wir so erfolgreich sein werden. Wartet nur, bis er herunterkommt! Was werden wir ihm nicht alles antun!"

Vielleicht lachten sie vor teuflischer Schadenfreude, als sie sich vorstellten, was für grausame Qualen sie sich ausdenken könnten, um das irdische Leben für Gott den Sohn so schwer wie möglich zu gestalten.

„Aber jetzt gibt es erst einmal Arbeit für uns", erinnerte Satan seine Engel. „Wir müssen jeden Menschen, der jemals in dieser Welt geboren wird, dazu bringen, die Regeln Gottes zu brechen. Dann werden sie uns gehören. Je mehr Gebote sie übertreten, desto besser. Nach einer Weile werden sie sich so daran gewöhnen, dass sie denken, dass sich alles so gehöre. Dann wird es ihnen schwerfallen, sich zu ändern. Noch besser: Lasst uns versuchen, sie dahin zu bringen, dass sie gar nicht auf Gottes Wegen gehen wollen. Dann werden sie wirklich uns gehören!"

Sie lächelten listig, als sie daran dachten, wie sie all die Menschen auf der neuen Welt dazu verleiten würden, in ihre geschickten Fallen zu tappen. Sie konnten es kaum erwarten, ihr teuflisches Werk zu beginnen.

„Aber wie sollen wir vorgehen?", fragten manche von ihnen.

„Tut alles, was ihr könnt, um Probleme zu verursachen", befahl Satan. „Verursacht Unfälle, um sie zu verletzen – oder tötet sie, wenn ihr könnt. Macht sie krank. Bringt sie dazu, zu streiten und zu kämpfen. Erreicht, dass sie einander hassen. Einige werden euren Einflüssen widerstehen. Ihr dürft aber nicht aufgeben. Bei ihnen müsst ihr so lange andere Dinge ausprobieren, bis ihr sie erwischt – auf welche Art und Weise auch immer."

Während Satan seinen Helfern Anweisungen erteilte, geschah dasselbe im Himmel. Gott der Sohn gab seinen Engeln ebenfalls Anordnungen, wie sie den Menschen helfen könnten, Satans Versuchungen zu widerstehen. Ihr seht also, der große Kampf zwischen Gott und Satan ging immer noch weiter – der gleiche Kampf, den Luzifer lange zuvor im Himmel begonnen hatte. Nur fand der Kampf jetzt nicht mehr im Himmel, sondern auf der Erde statt. So wie sich alle Engel im Himmel für eine Seite entscheiden mussten, lag es nun an den Menschen, hier auf der Erde eine Seite zu wählen.

Stellen wir uns vor, wie es gewesen sein mag, als Gott der Sohn seine Engel versammelte, um ihnen zu sagen, wie sie den Menschen im Kampf gegen Satan beistehen könnten.

„Mit jedem neuen Menschen, der geboren wird, wird einer von euch Engeln dazu bestimmt, dessen Schutzengel zu sein. Ihr werdet Aufzeichnungen über alles führen, was diese Person sagt und tut und auch darüber, was sie denkt. Wenn Satan sie versuchen wird, falsch zu handeln, werdet ihr ihnen helfen, die richtigen Entscheidungen zu treffen."

Ich bin mir sicher, dass manche der Engel folgende Frage stellten: „Wenn sich eine Person entscheidet, auf Gottes Seite zu treten, sollten wir Engel dann nicht dafür sorgen, dass Satan ihr keine Schwierigkeit mehr bereitet – wie Krankheit oder Unfälle und derartige Dinge?"

Gott dem Sohn tat die Antwort leid, die er ihnen geben musste.

„Nein, auch die Menschen, die Gott vertrauen müssen Schwierigkeiten erleben, damit niemand behaupten kann, sie seien nur deshalb treu, weil sie Gott bevorzugt und es ihnen daher gut geht. Ihr dürft nicht vergessen, dass die Menschen auf den anderen Welten diesen Kampf beobachten, und auch sie müssen sehen, dass Gott gerecht ist. Die einzige Sache, die ihr trotzdem immer tun könnt, ist, den Menschen zu helfen, ihre Probleme zu ertragen."

Die Engel hatten vielleicht noch eine andere Frage: „Angenommen, eine Person betet für etwas Besonderes – zum Beispiel um Bewahrung vor einem Unfall. Sollen wir es immer so geschehen lassen?"

Gott antwortete ihnen, dass er in seiner Weisheit entscheiden werde, wie jedes Gebet zu beantworten sei. Manchmal werde es im Sinne der Bittenden genauso geschehen, manchmal aber nicht. Doch die Engel könnten den Glauben der Menschen stärken, dass Gott alles am besten weiß. Oft werde er Dinge zulassen, um die Person zu prüfen. Manchmal aber auch, um Satan und anderen Menschen zu beweisen, dass seine Kinder zu ihm stehen – welch schreckliche Dinge Satan ihnen auch antun werde.

„Vergesst nicht", erinnerte der Sohn die Engel, „dass Luzifer oder Satan immer beweisen wollte, dass er die Dinge besser machen kann als Gott. Jetzt hat er seine Chance. Wir wissen, dass er in naher Zukunft alles in ein schreckliches Chaos verwandeln wird, aber keiner würde es uns glauben, wenn wir es ihnen sagten. Sie müssen es selbst sehen und erleben. Gott wird diejenigen, die ihm glauben und ihn beim Wort nehmen, besonders segnen, denn sie beweisen, dass sie Glauben haben."

Vielleicht machten sich die Engel nun bereit, um ihre neuen Aufgaben zu übernehmen. Ich kann mir vorstellen, dass sie entschieden, welche Engel Begleiter der Menschen werden und Aufzeichnungen machen und welche Engel Botschafter sein sollen und so weiter. Dann gab es noch eine Sache, die ihnen Gott sagen musste.

„Ihr müsst geduldig mit den Menschen umgehen. Seit Adam Satan nachgegeben hat, sind sie schwach, und es wird immer schwerer für sie, richtig zu handeln. Also, selbst wenn sie Fehler machen, erinnert sie daran, dass Gott vergibt, und helft ihnen!"

Nun war der Kampf beschlossene Sache. Die beiden Armeen der Engel hatten ihre Anweisungen von ihren Anführern bekommen – Gott auf der einen Seite und Satan auf der anderen. Gott der Vater, Gott der Sohn, all die Engel und alle Menschen auf den anderen Welten beobachteten sorgenvoll, auf welche Seite sich die Menschen schlagen würden.

Als die Geschichte zu Ende war, eilte Lucas in sein Zimmer, um etwas zu holen. Es war die Arbeitsliste, die Großmutter letzten Sommer angefertigt hatte.

„Schauen so die Aufzeichnungen der Engel aus?", fragte er.

Tante Traude musste lächeln. „Nun, das ist eine Möglichkeit, aber die Aufzeichnungen der Engel enthalten die schlechten Dinge genauso wie die guten. Außerdem werden auch die Gedanken aufgeschrieben und die Absichten, also ob du eine Sache gut oder schlecht gemeint hast."

Lucas schien verblüfft. „Wie viele Aufzeichnungen das doch sein müssen!"

„Es gibt nicht nur Aufzeichnungen über jede Person, die jemals gelebt hat", fügte Tante Traude hinzu. „Es gibt auch einige Extrabücher. Da gibt es das Buch des Lebens. Wenn sich eine Person für Gottes Seite entscheidet, wird ihr Name in das Buch des Lebens geschrieben. Wenn Gott dann seine endgültige Entscheidung trifft und dieser Mensch sorglos geworden oder auf Satans Seite gewechselt ist, wird sein Name aus dem Buch gelöscht."

„Dann werden nach einer Weile nur mehr die Kinder Gottes übrig sein, oder?", bemerkte Lucas.

„Das ist richtig", stimmte Tante Traude zu. „Es gibt auch ein Buch der Erinnerungen, in das alle guten Taten geschrieben werden. Wenn dann der Kampf vorüber ist und Satan mit seinen Engeln und Menschen ausgelöscht wird, wird keine einzige böse Sache in den Aufzeichnungen stehen. Gott möchte sich nur an die guten Dinge erinnern. Ist das nicht wunderbar?"

„Oh, Tante Traude, das ist herrlich!", rief Paula aus. „Ich will auf der Seite Gottes stehen!"

30.

SATAN REGIERT DIE WELT

Satan hatte jetzt eine Welt, die er regieren konnte, wie es ihm gefiel. Sowohl die Engel des Himmels als auch die Menschen auf den anderen Welten beobachteten gespannt, wie sich die Dinge entwickelten. Erinnert ihr euch, dass Satan versprach, als er noch als Luzifer im Himmel wohnte, die Dinge besser zu machen als Gott? Seine Gelegenheit war gekommen, um zu zeigen, dass er Recht hatte.

Satan hatte gehofft, an den Baum des Lebens heranzukommen, aber wachende Engel versperrten jedem den Zutritt. Dann war da dieser geheimnisvolle Plan, dass Gott der Sohn auf die Erde kommt, damit den Menschen vergeben werden konnte. Folglich könnte sie Gott wieder aufnehmen. Es schien, als würden die Menschen nicht automatisch zu Satan gehören. Sie würden eine Chance bekommen, so wie die Engel im Himmel sie gehabt haben.

Ich kann mir vorstellen, wie Satan an seinem geheimen Platz saß, achdachte und dabei ziemlich verdrossen schaute. Doch dann huschte plötzlich ein listiges Lächeln über sein Gesicht, und ein grausames Leuchten erfüllte seine Augen.

„Wenn sie Gottes Seite wählen", sagte er zu sich selbst, „werde ich es so schwer für sie machen, dass sie es bereuen werden. Wenn ich sie mit Problemen überhäufe, werden sie Gott aufgeben und zum Schluss kommen, dass es diese ganzen Schwierigkeiten nicht wert sind."

Vielleicht rief er dann seine obersten Engel und gab ihnen die Anweisungen, sich jeden nur möglichen Weg auszudenken, um auf der Erde Schwierigkeiten zu verursachen, besonders für die Menschen, die Gott dienen wollen.

Eine Sache gab es, die ihn sehr zufrieden und stolz machte. Von Zeit zu Zeit trafen sich die Herrscher aller Welten an einem verabredeten Platz. Vielleicht berichteten sie Gott, wie es ihnen auf ihren Welten ging, und bekamen Anweisungen, wie sie mit verschiedenen Situationen umgehen sollten.

Wieder einmal war die Zeit für ein solches Treffen gekommen. Satan erschien am Tor und bat um Einlass. Als der wachhabende Engel ablehnte, erinnerte ihn Satan: „Du weißt, dass sich Adam auf meine Seite gestellt hat; also nehme ich jetzt seine Stelle als Herrscher ein, und ich habe ein Recht darauf, am Treffen teilzunehmen."

Vielleicht sandte der Wächter einen Boten zum Hauptquartier, um zu erfahren, was er tun sollte. Man ließ ihm ausrichten, dass er Satan einlassen soll.

Ich kann mir vorstellen, dass sich Satan hochmütig an den Wächter wandte, als er durch das Tor trat: „Siehst du, ich habe es dir doch gesagt!"

Als sich diese sogenannten „Söhne Gottes" vor Gott versammelten, war Satan unter ihnen. Als die Liste vorgelesen wurde, antwortete er an Adams Stelle. Gott schaute ihn an. „Wo kommst du her?"

Satan hob hochmütig den Kopf und antwortete: „Ich wandere die Erde auf und ab."

Das bedeutete, dass Satan die Erde in Besitz genommen und ein Recht darauf hatte, umherzugehen, so wie ihr das Recht habt, in eurem eigenen Garten zu tun, was ihr wollt, ohne irgendjemanden um Erlaubnis fragen zu müssen.

Ich denke an den armen Adam unten auf der Erde, wie er herzzerreißend weinte. Vielleicht hatte er an einigen dieser Versammlungen teilgenommen, bevor er sich dem Bösen übergeben hatte. Ursprünglich war er dazu bestimmt gewesen, an diesen Treffen teilzunehmen, aber jetzt konnte er nie, nie wieder dabei sein. Er war von Kummer und

Scham niedergedrückt, als er daran dachte, dass der Teufel an seiner Stelle dort oben vor Gott stand. Es war alles seine eigene Schuld!

Wenn Adam und Eva so von Sorgen niedergebeugt waren, dass sie es kaum noch ertragen konnten, gingen sie zum Tor des Gartens. Dort brachten sie Gott ein Opfer dar und baten wieder um Vergebung. Das Opfer eines Lammes erinnerte sie an das Versprechen von Gott dem Sohn, ein Mensch zu werden und den Preis des Todes für sie zu bezahlen. Oh, wie sie sich wünschten, dass er bald kommen würde, damit all ihr Leid und ihre Probleme vorbei wären! Vielleicht würde ihr erster kleiner Sohn der Erlöser sein! Dieser Gedanke brachte Freude in ihre Herzen.

Es schien, als würden sie jeden Tag etwas Neues entdecken. Keine erfreulichen neuen Dinge, wie sie es aus dem Garten Eden gewohnt waren, aber Dinge, die sie daran erinnerten, dass Satan jetzt auf dieser Welt arbeitete. Stellen wir uns vor, wie sie die ersten Veränderungen schmerzvoll erlebten.

„Komm schnell her, Adam! Schnell!", rief Eva eines Tages, als sie im Blumengarten stand.

Adam eilte herbei. „Was um alles in der Welt ist los, Eva?" fragte er besorgt.

„Schau, Adam! Schau dir diese Blumen an!" Sie zeigte auf einige, die schon leicht zu welken begannen. Noch nie zuvor hatten sie so etwas gesehen. Adam wandte sich traurig ab. „Noch eine Folge meines Ungehorsams!", seufzte er.

Er stand unter einem seiner Lieblingsbäume – einem hohen, mächtigen Baum. Nach einer Weile sah er hinunter und erblickte etwas Eigenartiges auf dem Boden. Er hielt inne und hob es auf. Das war doch ein Blatt vom Baum! Er schaute den Baum hinauf. Mehr Blätter fielen herunter. Er trug sie zu Eva und hielt sie in seinen Handflächen. Sie schauten einander an. Dann, mitten unter den welkenden Blumen stehend, bedeckten sie ihre Gesichter und weinten.

Nach einiger Zeit fand Adam eigenartige Pflanzen, die auf den Feldern und in den Gärten erschienen. Unkraut! Dann sah er Eva mit einem schmerzvollen Gesicht und Tränen in den Augen in ihrem Rosengarten. Sie hielt ihm die Hand entgegen. Ihr Finger blutete an der Stelle, wo sich ein Stachel in die Haut gebohrt hatte! Unkraut und Dornen waren jetzt Teil des Fluches, den der Teufel auf die Erde gebracht hatte.

An einem anderen Tag fand Eva Adam, wie er saß und seinen Kopf in den Händen vergrub. Sie versuchte ihn zu trösten. „Was ist los, Adam?", fragte sie einfühlsam, als sie sanft über sein Haar strich.

„Es sind die Tiere, Eva!", antwortete Adam. Seine Kehle war so zugeschnürt, dass er kaum reden konnte. „Die Tiere – sie alle waren unsere Haustiere in unserem Garten Eden, weißt du. Aber jetzt scheinen einige von ihnen Angst vor mir zu haben. Zuerst dachte ich, es ist so, weil wir so anders ausschauen und kein Lichtkleid mehr tragen. Ich dachte, sie werden sich schon noch an unsere Fellkleider gewöhnen."

„Nun, denkst du nicht, dass das mit der Zeit noch kommen wird?", fragte Eva.

„Nein, Eva. Es ist mehr als nur unsere Kleidung. Sie vertrauen uns nicht mehr. Es ist, als ob sie gemerkt hätten, dass wir uns verändert haben, seit wir Gott ungehorsam wurden. Anstatt zu uns zu kommen, wie sie es immer gewohnt waren, um liebkost zu werden, schleichen sie davon und verstecken sich hinter den Bäumen und beobachten mich ängstlich. Nicht nur das, sie vertrauen sich auch gegenseitig nicht mehr. Einige der größeren Tiere gehen auf die kleineren los. Gestern sah ich sogar zwei der Löwen, wie sie in einen Streit gerieten. Sie knurrten und zeigten die Krallen, dann schlichen sie – einander böse anstarrend – davon." Adam seufzte tief. „Ich sage dir, Eva, ich weiß nicht, wie das alles enden wird. Die Dinge werden von Tag zu Tag schlimmer."

Auch Eva seufzte. „Oh, wenn doch nur Gott der Sohn kommen würde, wie er es versprochen hat! Dann wird alles wieder in Ordnung sein. Komm, Adam, lass uns zum Tor des Gartens gehen und beten, dass er bald kommen möge."

Sie standen auf und begaben sich zum Eingang des Gartens, wo die Engel in einem Lichtschein standen. Dort beteten sie, dass Gott der Sohn bald kommen möge – sehr bald.

„Adam und Eva tun mir leid", sagte Paula.

„Mir auch", stimmte Lucas zu.

„Was die Sache für sie so schlimm machte", erklärte Tante Traude, „war, dass sie wussten, wie alles gewesen war, bevor die Probleme begannen. Am meisten litten sie, weil alles ihre Schuld war."

Paula und Lucas blickten einander an. Sie erinnerten sich daran, wie sie sich gefühlt hatten, als das kleine Kalb getötet wurde, denn es war ihre Schuld gewesen.

31.

DIE GESCHICHTE VON ZWEI JUNGEN

Adam und Eva strahlten vor Glück. Sie hatten ihr erstes Kind bekommen – einen Jungen.

„Oh, Adam! Vielleicht ist er derjenige", rief Eva aus. „Vielleicht wird er groß werden und Gott der Sohn sein! Dann wird alles wieder gut."

Adams Herz war mit Freude erfüllt. Ja, vielleicht war das der Sohn! Seitdem Eva die verbotene Frucht gegessen hatte, hatte er sie nie mehr so glücklich gesehen wie jetzt.

Kurz danach wurde ihnen ein zweiter Sohn geboren. Als die Jungen größer wurden, begannen sie Fragen zu stellen, wie jedes Kind es tut. Sie wollten dieses und jenes wissen. Sicher kam der Tag, an dem sie fragten, warum sie nicht in diesem wunderschönen Garten spielen durften. Sie wollten alles über die Engel und das hell leuchtende Licht am Tor erfahren. Sie wunderten sich über die Ausflüge zum Gartentor, wo das Lamm geopfert wurde. Sicher bemerkten sie auch, wie traurig ihre Eltern von Zeit zu Zeit über die nicht so guten Dinge in ihrem Leben waren.

So mussten Adam und Eva ihren Kindern die ganze furchtbare Geschichte erzählen. Sie erklärten ihnen die Bedeutung des Opfers. Sie erzählten ihnen, dass sie auf Gott den Sohn warteten, der kommen und alles wieder gut machen sollte. Außerdem machten sie ihnen klar, dass jeder Mensch wählen muss, ob er auf Satans oder auf Gottes Seite stehen möchte.

Der ältere Junge wurde ein richtig guter Gärtner. Wie stolz war doch seine Mutter auf ihn, wenn er ihr wunderschöne Früchte und herrliches Gemüse brachte!

Mit der Zeit wurden aber Unkraut und Dornen im Garten und auch auf den Feldern immer stärker, und die Pflanzen wuchsen nicht mehr so gut. Man musste immer härter arbeiten, um Erfolg zu haben.

Stellen wir uns vor, dass Adam und seine Söhne eines Tages auf dem Feld sich wieder abmühten. Sie wischten sich den Schweiß aus den Gesichtern und setzten sich unter den Schatten eines Baumes, um eine Weile auszuruhen. In der Ferne konnten sie die Grenzen des wunderschönen Gartens sehen.

„Erzähl uns, wie es war, als ihr im Garten gelebt habt, Vater", baten die Jungen.

Also erzählte ihnen Adam von Eden. Kein Unkraut. Keine Dornen. Keine harte Arbeit. Nichts welkte und starb. Alles war vollkommen. Sie wussten damals nicht, was das Wort „Schwierigkeit" bedeutete.

Nachdem Adam seine Geschichte beendet hatte, saßen die drei eine Weile still da, jeder mit seinen Gedanken beschäftigt. Ein Lächeln stahl sich über das Gesicht des jüngeren Sohns Abel.

„Wäre es nicht wunderbar", sagte er verträumt, „wenn Gott der Sohn herunterkäme, um auf der Erde zu leben und alles wieder in Ordnung zu bringen? Dann wäre alles wieder so, wie es am Anfang war."

Kain, der ältere Bruder, sagte nichts. Nach längerem Schweigen blickte ihn Adam an. Der Junge kaute an einem Grashalm, und ein finsterer Blick stand in seinem Gesicht.

„Was ist los, mein Sohn?", fragte sein Vater.

„Ich denke, Gott war zu hart mit dir. Es war nicht gerecht von ihm, dich so schwer für so eine kleine Sache wie das Essen eines Bissens der Frucht zu bestrafen. Er hätte dich doch im Garten bleiben lassen und dir eine weitere Chance geben können. Dann würden wir noch alle im

Garten leben und ein leichtes Leben führen, anstatt hier draußen zu schuften."

„Nun, mein Sohn, man kann die Sache zwar so betrachten, aber es ist Gott gegenüber kaum gerecht. Er machte die Prüfung so leicht, dass es für mich keine Entschuldigung gab, sie nicht zu bestehen. Ich kann mich nicht über ihn beklagen."

Dann erwiderte Kain mit bitterem Zorn. „Wenn die Prüfung so leicht war, warum hast du dann versagt? Wir alle müssen jetzt für deinen unnötigen Fehler leiden. Das ist doch nicht gerecht!" Verärgert stapfte er in den Wald.

Adam war über die Worte entsetzt, die ihm sein Sohn so respektlos an den Kopf geworfen hatte. Er erschrak darüber, wie sich Kain ihm und Gott gegenüber auflehnte. Schweren Herzens ging er heim, um mit Eva zu reden.

Man kann sich leicht vorstellen, wie traurig die Eltern waren, als sie das Verhalten ihres Sohnes besprachen. Schon seit einiger Zeit hatten sie eine Veränderung in ihm bemerkt. Es war klar, dass er nicht derjenige war, auf den sie gehofft hatten.

„Kannst du dir vorstellen, dass Abel derjenige ist, auf den wir warten?", mag Eva gefragt haben. „Er war schon immer so ein lieber Junge."

Da kam Abel herein. „Vater, es tut mir leid, dass Kain so mit dir geredet hat. Als wir alleine auf dem Feld draußen waren, versuchte ich ihn zu überzeugen, dass Gott Recht hat. Ich erinnerte ihn daran, wie gnädig Gott doch war, dass er dich nicht gleich sterben ließ. Ich sagte ihm, wie groß Gottes Liebe zu uns ist, dass er geplant hat, Mensch zu werden und unsere Strafe auf sich zu nehmen. Aber Kain wollte nicht auf mich hören."

Es verstrich wieder einige Zeit. Kain und Abel begaben sich wieder einmal zum Tor des Gartens, um Opfer für ein besonderes Ereignis darzubringen. Abel brachte ein Lamm mit, so wie Gott es befohlen hatte; aber Kain wollte das nicht und brachte nur einige Früchte. Gott nahm Abels Opfer an, aber Kains Opfer nicht. Das machte Kain zornig. Er war wütend auf Gott und eifersüchtig auf Abel.

Stellen wir uns vor, dass Eva zu Hause ein wenig unruhig wurde, weil Kain und Abel noch nicht aufgetaucht waren. Vielleicht meinte Adam, sie solle sich keine Sorgen machen – sie würden jeden Augenblick hier sein. Aber der Tag verging, und immer noch gab es kein Zeichen von einem der Brüder. Schließlich begann sich auch Adam zu sorgen. Sie beschlossen, die beiden zu suchen.

Nehmen wir an, dass sie zuerst zum Tor des Gartens eilten. Vielleicht wussten sie, dass die Jungen ein besonderes Opfer für diesen Tag geplant hatten. Ihnen bot sich dort ein verwirrendes Bild. Da waren zwei Altäre. Auf einem war nichts als Asche, immer noch warm vom Feuer. Auf dem anderen lag aber nur ein Haufen frischer Früchte … und der Altar war kalt.

Sie blickten um sich. Niemand war zu sehen. Sie riefen. Nichts als Stille. Angst stieg in ihnen hoch. Sie fingen an, überall nach den beiden zu suchen.

Plötzlich hörte Adam einen Schreckensschrei. Er rannte zum Feld, wo Eva gesucht hatte. Er sah, wie sie sich über etwas, was auf dem Boden lag, beugte, ihre Hände rang und vor Schmerz laut schrie.

Als Adam Eva erreichte und alles sah, kniete auch er nieder und weinte vor Kummer. Denn da, vor ihnen auf dem Boden ausgestreckt, lag der tote Körper ihres Sohnes Abel.

„Warum?", schrien sie. „Warum?" Warum war es ihr „guter" Sohn? Wenn sie schon auf diese Weise bestraft werden mussten, warum ließ Gott nicht den bösen Sohn sterben? Zu ihrem Kummer kam noch ein Schrecken; denn noch nie zuvor hatten sie einen toten Menschen gesehen. Die Engel im Himmel und die Menschen auf den anderen Welten blickten ebenfalls mit Entsetzen auf die Erde. Selbst Satan und seine bösen Engel mussten sich versammelt und in entsetztem Schweigen zugeschaut haben. In Gottes ganzem und wunderbarem Universum war noch nie zuvor jemand gestorben.

Ich glaube, dass noch jemand in der Nähe war. Vielleicht hatte sich Kain hinter einem großen Baum versteckt. Die Stimme Gottes hatte sich wegen des Opfers in ihm geregt und ihn gedrängt, richtig zu handeln. Dann hatte Abel versucht, ihn zu überzeugen. Das hatte ihn aber so zornig gemacht, dass er Abel umbrachte. Die Stimme Gottes sprach wieder zu ihm und gab ihm die Gelegenheit zur Reue. Aber er verstockte sein Herz. Er brachte nur Entschuldigungen vor.

Als Strafe musste Kain wegziehen und in einem anderen Teil des Landes leben. Menschen flohen aus Angst vor ihm. Er jammerte und erklärte, dass die Bestrafung zu hart sei. Aber er sagte nie, dass ihm das, was er getan hatte, leid tue. Er hatte sich für die Sache des Teufels entschieden.

Als die Geschichte zu Ende war, lächelte Tante Traude und sagte: „Diesmal komme ich euch zuvor. Ihr wolltet mich sicher fragen, warum Gott es zuließ, dass der gute Sohn umgebracht wurde."

Die Kinder mussten zugeben, dass Tante Traude richtig geraten hatte. Dann fuhr sie fort: „Erstens möchte der Teufel jeden Menschen, der Gottes Seite wählt, quälen oder töten. Er hasst sie, weil sie seine Pläne durchkreuzen."

„Wurde der Pastor deshalb letzten Sommer getötet?", unterbrach Paula.

„Ich glaube schon", antwortete Tante Traude. „Zweitens beobachten alle Engel, die im Himmel einmal Satans Freunde gewesen waren, und alle Menschen auf den anderen Welten ängstlich, ob Satans Plan aufgehen wird. Gottes Wort stand gegen Luzifers Wort, erinnert ihr euch? Also greift Gott nicht zu viel ein. Deshalb sollen wir, wenn wir beten, Gott bitten, alles nach seinem Willen zu tun. Wir sollten nicht enttäuscht sein, wenn Gott nicht eingreift und der Teufel Schwierigkeiten macht. Entscheiden wir uns aber dafür, trotz schlimmster Probleme bei Gott zu bleiben, dann kann Gott stolz auf uns sein. Dann singen und jubeln die Engel voller Freude über uns, weil wir Gott helfen zu beweisen, dass Satan nicht Recht hat.

32.

EINE VERÄNDERTE WELT

Armer Adam, arme Eva! Jetzt waren sie wieder allein. Abel war tot und Kain war weg. Sie waren so bedrückt, dass sie kaum ihre Arbeit erledigen konnten.

„Adam", sagte Eva, als sie den Kummer nicht länger ertragen konnte, „Lass uns zum Eingang des Gartens gehen. Vielleicht erklärt uns Gott, warum wir so leiden müssen."

Also stapften sie schweren Herzens den Pfad zum Tor hinauf. Dort brachten sie ein Opfer dar und beugten ihre Knie, um zu beten. Engel sprachen tröstende Worte und versicherten ihnen, dass Gott der Sohn eines Tages auf die Erde kommen werde, wie er es versprochen hat. Vielleicht wollte Eva wissen, wann das geschehen würde.

„Wir wissen nicht, wann", erwiderten die Engel. „Das ist eines von Gottes Geheimnissen."

Mit der Zeit hatten Adam und Eva wieder eine Familie mit vielen Buben und Mädchen. Ihr Sohn Seth wurde größer und nahm den Platz von Abel als Anführer derer ein, die sich für Gottes Seite entschieden. Aber Kain fuhr fort, der Anführer der Rebellen zu sein.

Satan war wütend, weil Gott es den Menschen ermöglicht hatte, ihm zu entkommen, wenn sie an das Kommen von Gott dem Sohn glaubten. Er versuchte Wege zu finden, wie er auch die täuschen könnte, die Gott dienen wollen. Er und seine Engel hatten einige Treffen, um Pläne zu schmieden und über ihre Erfolge zu berichten. Wie mussten sie mit böser Schadenfreude gelacht haben, als sie Kain dazu verleiteten, seinen Bruder zu töten!

„Es ist einfach, die zu bekommen, die sich um Gott nicht kümmern", sagte Satan zu seiner teuflischen Mannschaft. „Wir müssen aber am härtesten an denen arbeiten, die treu sein wollen, und müssen sie Gott wegnehmen, indem wir sie in Verwirrung stürzen."

„Wie können wir das machen?", wollten seine Anhänger wissen.

„Nun, wenn sie beten wollen, dann lasst sie das tun. Aber bringt sie dazu, zu Göttern aus Silber und Gold zu beten. Vor allem sollt ihr sie hinsichtlich des Opfers und des Todes von Gott dem Sohn verwirren."

Also verdrehte der Teufel alles, womit Gott den Menschen helfen wollte. Sie beteten zu selbstgemachte Götzen, zu Steinen, zu Bäumen und sogar zu Tieren. Sie hatten Sonnen-, Mond- und Tiergötter. Satan war es gleich – Hauptsache, es war nicht der wahre Gott.

Er verwirrte die Menschen so sehr, dass viele von ihnen sogar ihre eigenen kleinen Kinder nahmen und auf dem Opferaltar verbrannten. Was sie taten, ist zu grausam, um es sich vorzustellen. Das Schlimmste daran war, dass sie diese schrecklichen Dinge als Teil ihrer Anbetung betrachteten.

Satan hatte großen Erfolg, die Menschen mit der Zeit immer böser zu machen. Sie stritten, kämpften und töteten. Zum Vergnügen liebten sie es, Menschen und Tiere zu quälen, und sie lachten, wenn sie andere leiden sahen. Die Tiere bekamen Angst und wenn sie konnten, verteidigten sich. Doch auch sie wurden grausam und begannen andere Tiere zu töten und zu fressen. Am allerschrecklichsten war, dass manche Menschen andere Menschen verzehrten!

Adam tat sein Bestes. Er lebte beinahe tausend Jahre lang und erzählte allen, wie Satan die Sünde in die Welt gebracht hatte, indem er ihn im Garten versuchte. Er sagte, dass die Probleme auf dieser Welt seine Schuld seien und sie ihm sehr leid täten. Aber nicht viele machten sich die Mühe, ihm zuzuhören, wenn er sie anflehte, Gott zu dienen.

Auch im Himmel veränderte sich so manches. Die Engel sangen nicht mehr so fröhlich wie früher, wenn sie ihre Arbeit verrichteten. Schau! Ein Botenengel kommt gerade von der Erde zurück. Er weint bitterlich.

„Was ist geschehen?", fragte sein Freund einfühlsam. „Warum weinst du so?"

„Du solltest sehen, was sich unten auf der Erde abspielt", antwortete der Botenengel schluchzend. „Oh, es ist zu schrecklich, um auch nur daran zu denken!" Wieder brach er in Tränen aus.

Tag für Tag kehrten immer mehr Engel mit weinenden und kummervollen Gesichtern von der Erde zurück. Sie versammelten sich in kleinen Gruppen, um über alles zu sprechen.

„Wer hätte sich träumen lassen", bemerkte einer, „dass, als Luzifer damit prahlte, Gott zu übertreffen, so etwas dabei entstehen würde?"

„Ich denke, darum hat Gott ihm eine Chance gegeben", äußerte sich ein anderer. „Damit wir mit eigenen Augen sehen können, was passieren würde."

„Ja, denn wir hätten es sonst nie geglaubt," fügte ein dritter Engel hinzu.

Dann saßen sie eine Weile nachdenklich da. Schließlich brach einer das Schweigen. Er sprach langsam. „Jetzt verstehe ich, warum Gott die Menschen aus dem Garten vertrieben hat. Ich konnte es damals nicht begreifen. Aber wenn sie vom Baum des Lebens gegessen hätten, hätten sie für immer gelebt, und die Sünde und das Leid hätten in alle Ewigkeit weiter bestanden."

Alle stimmten ihm zu und nickten nachdenklich.

Dann begann ein anderer Engel zu sprechen. „Ich frage mich, was Gott tun wird."

Bei der Erwähnung Gottes erinnerten sie sich, dass die Zeit der Versammlung nahe war. Alle standen auf und eilten hinüber. Als sie an ihren Plätzen standen und zum goldenen Thron hinaufblickten, erfüllte tiefe Ehrfurcht ihre Herzen. Jetzt verstanden sie ein wenig mehr von Gottes großer liebevoller Gnade, und dass er keines seiner Kinder bestrafen wollte.

Nachdenklich saß Paula eine Weile da, nachdem die Geschichte zu Ende war. Dann sagte sie: „Ich vermute, die Engel mussten diese Dinge alle erst verstehen lernen, so wie wir das müssen."

„Ja", stimmte ihr Tante Traude zu. „Natürlich wissen wir über Probleme und Leid Bescheid, denn wir müssen damit schon unser ganzes Leben verbringen. Aber für die Engel war alles so neu und fremd. Außerdem mussten sie die Gründe kennenlernen, so wie wir auch. Darum gibt Gott dem ganzen Universum eine Chance, indem er zulässt, dass alle beobachten, wie Satan diese Welt regiert."

Lucas hatte auch über etwas nachgedacht. „Warum leben Menschen nicht mehr tausend Jahre lang, so wie früher?"

„Nun, Lucas, erinnerst du dich, dass Adam und Eva vom Baum des Lebens gegessen hatten und die Wirkung nach einigen Generationen immer mehr nachließ? Außerdem waren auch die Lebensumstände besser und Krankheitserreger noch nicht so schlimm. Nächstes Mal werde ich euch erzählen, wie eine große Veränderung auf der Erde stattgefunden hat."

33.

GOTT MUSS ETWAS UNTERNEHMEN

Ich kann mir vorstellen, dass sich Gott der Sohn eines Tages an den Vater wandte, um mit ihm zu sprechen. Kummer stand in sein Gesicht geschrieben, und seine Stimme klang sorgenvoll.

„Vater, du weißt, wie die Engel über die Nachrichten, die sie von der Erde bringen, weinen. Es scheint, dass unser Gegner die meisten Menschen überredet hat, seinen Weg zu gehen."

„Ja, mein Sohn. Es schmerzt mich sehr. Es reut mich, dass ich den Menschen geschaffen habe, denn seine Gedanken sind fortwährend böse. Wir müssen diesem Allen ein Ende bereiten und noch einmal neu anfangen. Aber zuerst werden wir die Menschen warnen und ihnen eine weitere Gelegenheit zur Umkehr geben. Geh, mein Sohn! Schau, ob du einen starken, jungen Mann findest, der den Menschen unsere Warnungsbotschaft bringen kann." Natürlich machte sich der Sohn sofort auf den Weg.

Wahrscheinlich dauerte es nicht lange, bis Gott der Sohn von seinem Auftrag zurückkehrte. Auf seinem Gesicht lag ein freudiges Lächeln.

„Ich habe einen Mann gefunden, Vater. Sein Name ist Noah. Er ist jung genug, stark und gläubig. Ich habe ihm genau gesagt, was er tun und sagen soll."

Es muss für Noah hart gewesen sein, die Anweisungen aus-zuführen, denn er wusste, dass die Menschen über ihn lachen würden, und niemand wird gerne verspottet. Aber er entschied sich, alles zu ertragen, weil er Gott gehorchen wollte. Er wusste, dass es verrückt schien, ein großes Schiff oben auf einer Höhe zu bauen, wo weit und breit kein See oder Fluss war. Aber das würde die Menschen neugierig machen. Sie würden kommen, um das Schiff zu begutachten. Dann würde Noah die Gelegenheit haben, ihnen Gottes Warnungsbotschaft mitzuteilen: Eine Flut sollte über die Erde kommen und diese zerstören.

Die Menschen kamen tatsächlich. Die Nachricht verbreitete sich wie ein Lauffeuer, und sie strömten von nah und fern herbei. Nachdem sie Noahs Botschaft gehört hatten, versammelten sie sich in kleinen Gruppen, um darüber zu sprechen. Im ganzen Land herrschte Aufregung.

„Ich glaube, Noah ist verrückt geworden", sagte einer. „Es ist ein Jammer, denn er war immer so ein guter und vernünftiger Mann."

„Nein, das glaube ich nicht, dass er verrückt geworden ist", sagte ein anderer nachdenklich. „Ich glaube, an der Sache ist etwas dran. Ihr wisst, wie schrecklich gottlos die Erde geworden ist. Vielleicht wird Gott etwas unternehmen. Wie auch immer; ich werde meine Sünden bereuen und mich Noah anschließen."

So ging es weiter. Ich bin mir sicher, dass sich am Anfang eine große Zahl Noah anschloss.

Natürlich konnte Satan hier nicht tatenlos zusehen. Er war bitterböse. Er rief seine Anhänger zusammen und tobte. „Gerade, als wir die Sache im Griff hatten und beinahe die ganze Welt in unserer Hand war, musste das passieren! Ich warne euch. Wir wissen nicht, was Gott plant. Vielleicht hat er vor, uns gemeinsam mit den Menschen zu vernichten. Also, kämpft um euer Leben! Kämpft um euer Leben!"

Genau das taten sie. Es war ein Kampf auf Leben und Tod zwischen den guten und bösen Engeln, und jeder bemühte sich, die Herzen der Menschen zu gewinnen.

Als die Jahre vergingen und nichts Ungewöhnliches geschah, waren manche überzeugt, dass es mit der Botschaft Noahs nichts auf sich hatte. Außerdem konnten sie es nicht ertragen, von ihren Verwandten und Freunden ständig geärgert und lächerlich gemacht zu werden. So gaben sie auf und kehrten zu ihren alten Gewohnheiten zurück.

Einige gingen zu ihren klügsten Lehrern und Wissenschaftlern, um sie um Rat zu fragen. „Was haltet ihr von Noah und seiner Botschaft?" „Nun, ich würde mich davon nicht beunruhigen lassen. Seit beinahe hundert Jahren droht uns Noah nun schon mit dieser Flut. Was ist passiert? Nichts! Alles geht so weiter wie immer. Darüber hinaus kann es gar nicht geschehen. Es widerspricht den Naturgesetzen. Also, nehmt Noah nicht zu ernst!"

Ungeachtet all dieser Entmutigungen arbeitete Noah weiter. Er hielt an seiner Botschaft fest, was immer die anderen auch sagten. Beinahe 120 Jahre waren vergangen. Einer nach dem anderen war gestorben, und der Rest der Menschen, die der Botschaft Glauben schenkten, hatte aufgegeben und war ins alte Leben zurückgekehrt. Kurz bevor die Arche fertig war, starb Noahs Großvater Methusalach. Niemand blieb übrig, um die Arbeit zu beenden, außer Noah und seine Söhne.

Eines Tages verbreitete sich die Nachricht, dass die Arche fertig sei. Ich kann mir vorstellen, dass jeder neugierig war und sie besichtigen wollte. Vielleicht gab es einen freien Tag für jeden, um sich das Schiff anzuschauen, so wie man sich etwas auf einer Ausstellung ansieht. Vielleicht schauten sie in die Arche hinein und wunderten sich über die vielen Käfige und Verschläge. Wozu dienten sie? Auch über das viele Heu und Futter schüttelten sie den Kopf. Gewiss schien ihnen alles ein Rätsel zu sein.

Als Noah die Menschenmenge erblickte, sehnte sich sein Herz nach ihnen. Es war ihre allerletzte Chance. Noch einmal flehte er und bat sie dringend, sich zu Gott zu kehren. Satan und seine Engel eilten eifrig umher, um die Menge davon abzuhalten, der ganzen Sache überhaupt Aufmerksamkeit zu schenken. Sie höhnten und spotteten.

Aber was war das? Plötzlich erstarb das wilde Gelächter und alle wurden still. Selbst Satan und seine Engel waren wie versteinert und hatten eine böse Vorahnung. Ein langer Zug von Tieren kam leise aus den Wäldern geschritten, von unsichtbaren Engeln geführt, geradewegs auf die Tore der Arche zu. Ein Rauschen war in der Luft zu hören. Scharen von Vögeln flogen durch die Tore.

Noah teilte jedem seinen Platz zu. Dann führte er seine Familie hinein. Die staunende Menge sah einen Lichtschein vom Himmel herabkommen und über dem Tor schweben, als es sich langsam schloss. Ein Engel hatte die Tür verriegelt.

Viele blieben stehen, um zu sehen, was als Nächstes passieren würde. Die Tage vergingen und nichts geschah, also begannen sie sich wieder über Noah lustig zu machen. Aber am achten Tag brach ein Sturm los. Blitze zertrümmerten ihre wunderschönen Häuser und Götzentempel. Donner grollte und schwarze Wolken prallten aneinander. Wirbelstürme rissen ganze Wälder aus. Erdbeben schlugen große Spalten in die Erde, und Wasserströme schossen steil nach oben, während sintflutartige Regenfälle herabfielen.

Die Menschen rannten voller Furcht durcheinander. Einige hämmerten an die Tür der Arche und schrien um Hilfe. Verzweifelt erklommen Tiere und Menschen die höchsten Hügel und kauerten sich voller Angst zusammen, bis die Wellen sie wegspülten. Der Sturm war so heftig, dass sogar Satan um sein Leben bangte. Er war außer sich vor Zorn und Angst und stieß lauter Verwünschungen gegen Gott aus.

Als die Arche von der Gewalt des Sturmes geschüttelt und umhergeworfen wurde, hörte man die Tiere vor Schrecken schreien. Auch Noah und seine Familie mussten Angst gehabt haben, als sie hilflos auf dem großen Ozean umhergeworfen wurden. Gewiss wäre die Arche vom gewaltigen Sturm zerstört worden, wenn die Engel sie nicht zusammenhielten.

Schließlich war es vorbei. Aber oh, was für eine veränderte Welt sahen sie, als die Engel die Tür öffneten und sie hinausließen. Dreck, Felsen und unfruchtbare Erde, so weit sie sehen konnten. Der einzige Lichtblick war der Regenbogen, der sie daran erinnern sollte, dass Gott nie wieder die gesamte Erde durch eine Flut zerstören wird.

Nur acht Menschen auf der ganzen weiten Welt! Wie klein und hilflos sie sich fühlten. Unter all diesen großen, wilden Tieren hatten sie

Angst. Darum ließ Gott bei den Tieren noch mehr Furcht und Schrecken vor den Menschen entstehen. So ist es bis heute geblieben.

Nun mussten sie schnell an die Arbeit gehen, denn es gab viel zu tun. Aber zuerst nahmen sie sich Zeit, Gott mit einem Dankopfer anzubeten, weil er ihr Leben gerettet hatte. Sie wollten ihn auch um Hilfe für ihre Arbeit bitten."

Lucas wunderte sich über einige Dinge. „Tante Traude, können wir jetzt sagen, dass es eine Flut gegeben hat? Ich habe einige Leute sagen hören, das sei nur eine Geschichte."

„Ja, Lucas, überall auf der Erde finden wir Anzeichen von Wasser, das hier einmal gewesen ist. Muscheln wurden auf hohen Bergen gefunden, und gewaltige Wälder, die unterirdisch begraben sind, wurden in Kohle und Erdöl umgewandelt. Jeder bestätigt, dass über dem ganzen Land Wasser war, aber es gibt verschiedene Vorstellungen von dem, was geschehen sein könnte. Menschen argumentieren und stellen verschiedene Theorien auf. Wenn wir die Erklärung der Bibel akzeptieren, ist alles sehr verständlich.

34.
DER ANKLÄGER

Die Jahre vergingen, und es wiederholte sich die gleiche Geschichte wie vor der Sintflut. Die meisten Menschen folgten Satans Weg, denn es schien da alles viel einfacher und besser zu sein. Unter den wenigen, die auf der Seite Gottes standen, war ein sehr reicher Mann namens Hiob.

Wieder einmal war es Zeit für ein Treffen der Engel und der Verantwortlichen der Welten vor Gott. Auch Satan kam. Mit abstoßendem Stolz verkündete er, dass er der Herrscher der Erde sei.

Gott blickte ihn an. „Hast du diesen Mann Hiob bemerkt? Du erzählst allen, dass du über alle auf der Erde herrscht, aber Hiob dient mir sehr treu."

„Natürlich", erwiderte Satan. „Warum sollte er nicht? Du hast ihn vor jeder Schwierigkeit bewahrt und er hat alles, was er will. Nimm ihm nur seinen Reichtum und schau, was passiert. Er wird dir ins Gesicht fluchen!"

„Nun gut", sagte Gott. „Wir werden ihn prüfen. Mach mit ihm, was immer du willst, aber Hiob selbst greife nicht an. Wir werden sehen, was geschieht."

Dann wandte sich Gott den wachhabenden Engeln zu. „Beschützt nichts mehr, was Hiob gehört, bis ich euch weitere Anweisungen gebe!"

Satan konnte es kaum erwarten, Hiob in seine Hände zu bekommen. Er brachte Stürme, Unfälle und jede Art von Unglück über ihn, bis seine Ernten zerstört, all seine Tiere getötet oder gestohlen waren und jedes seiner Kinder umgebracht war.

Armer Hiob! Er konnte sich nicht erklären, warum Gott plötzlich all diese schrecklichen Dinge geschehen ließ, wo er ihm doch von ganzem Herzen diente. Er war der reichste Mann im ganzen Land gewesen und innerhalb kürzester Zeit zum Bettler geworden. Es machte ihm nicht so viel aus, seine Reichtümer zu verlieren, aber seine geliebten Kinder! Alle waren sie tot!

Nun, was würde Hiob tun? Engel, die guten wie die bösen, beobachteten ihn. Sie sahen, wie er anbetend niederkniete. Sie hörten ihn sagen, dass, wenn Gott ihm all diese Segnungen gegeben habe, er auch das Recht habe, sie wieder von ihm zu nehmen.

Als sie Hiobs Worte hörten, jubelten die Botenengel voller Freude und eilten in den Himmel, um die gute Nachricht zu verkünden. Der ganze Himmel sang vor Freude, als er hörte, dass Hiob die Prüfung bestanden habe.

Satan muss sich niedergeschlagen gefühlt haben, aber er ließ sich nichts anmerken und kam wieder vor Gott.

Gott blickte ihn an. „Hast du diesen Mann Hiob bemerkt – wie er treu zu mir stand, trotz der grausamen Dinge, die du ihm antun durftest?"

„Natürlich!", spottete Satan. „Weil du sein Leben verschont hast. Lass mich ihn selbst angreifen und du wirst schon sehen, was dann passiert!"

„Also gut", stimmte Gott noch einmal zu. „Aber töte ihn nicht!"

Noch einmal wurde den wachhabenden Engeln befohlen, nicht einzugreifen.

Zu all den anderen Problemen, brachte Satan nun die schlimmste Krankheit, die er sich nur ausdenken konnte. Hiob litt so sehr, dass er wünschte, nie geboren worden zu sein. Als seine Freunde kamen, um ihn zu besuchen, waren sie über seinen Zustand so entsetzt, dass sie eine Zeitlang nicht sprechen konnten.

„Hiob", meinte schließlich einer, „du musst eine sehr schlimme Sünde begangen haben, weil dich Gott so hart bestraft." Die anderen Freunde stimmten alle zu. Es verwundete Hiobs Herz – denn mehr als die Krankheit schmerzte ihn, dass seine Freunde schlecht von ihm dachten.

Schließlich verlor sogar seine eigene Ehefrau die Geduld. „Hiob, willst du mir etwa sagen, dass du Gott immer noch treu sein möchtest? Dein ganzes Leben hast du Gott gedient, und so belohnt er dich jetzt! Warum verfluchst du Gott nicht, damit er dich schnell vernichtet und dein Leid ein Ende hat?"

„Das ist dummes Gerede", erwiderte Hiob. „Sollen wir Gott etwa nur dann treu sein, wenn die Dinge gut laufen, und uns gegen ihn wenden, wenn es schwierig wird?"

Wieder jubelten die Engel voller Freude, denn Hiob hatte die Prüfung bestanden. Die wachhabenden Engel wurden zurückgesandt, um ihn zu beschützen. Es dauerte nicht lange, und er war wieder ein gesunder Mann, und Gott schenkte ihm wieder eine fröhliche Kinderschar.

Eine ganz andere Glaubensprüfung erlebte Abraham. Auch er war gesegnet und wohlhabend. Doch in seinem Unglauben beging er einen großen Fehler, indem er auf andere hörte und sich gegen den Willen Gottes mehrere Frauen geben ließ, damit das Versprechen Gottes sich erfüllen konnte. Er sollte ja schließlich der Vater eines großen Volkes werden. Satan war dies alles nur recht. Damit hatte er Gründe auch ihn anzuklagen.

Gott wollte jedoch zeigen, dass Abraham trotz seines früheren Versagens ihm treu sein und ihm nun bedingungslos vertrauen würde. Er entschied, Abraham die schwerste Prüfung aufzuerlegen, die es je für ein menschliches Wesen gab. Er befahl ihm, seinen Sohn Isaak zu opfern.

Oh nein! Nicht so etwas! Das wäre doch Sünde! Nebenbei: Isaak war doch dazu bestimmt, der Vater eines großen Volkes zu werden. Sicher musste er Gott missverstanden haben. Aber nein! Gott versicherte ihm, dass er genau das von ihm verlange.

„Warum? Warum?" Aber Gott gab ihm keine Erklärung. Also nahm Abraham Isaak und stieg langsam den Hügel hinauf. „Oh, ich kann es nicht! Ich kann es nicht!", klagte sein Herz mit jedem schmerzvollen Schritt. Aber sein Kopf antwortete: „Ich muss gehorchen! Ich muss gehorchen! Ich verstehe es nicht, aber ich werde gehorchen."

Satan näherte sich und quälte ihn mit ernsten Zweifeln. „Hat Gott nicht befohlen: Du sollst nicht töten? Hat Gott nicht gesagt, dass es eine Sünde der Heiden ist, ihre Kinder zu opfern? Was wird außerdem aus Gottes Versprechen, aus Isaak ein großes Volk zu machen?"

Im ganzen Himmel schauten die Engel zu, beobachteten und wagten kaum zu atmen. Sie waren verwundert darüber, wie Abraham der Prüfung standhielt, und sie freuten sich.

Abraham blickte auf. Auf der Spitze des Berges konnte er die Wolke der Gegenwart Gottes sehen. Da wusste er, dass dies alles Wirklichkeit war und kein schrecklicher Traum. Plötzlich war es, als würde ein helles Licht sein Unverständnis erleuchten. Ja, natürlich! Gott hatte ein Wunder vollbracht, um ihm Isaak zu schenken, und Gott könnte ein weiteres Wunder tun und ihn von den Toten auferstehen lassen.

Auf der Spitze des Berges bereiteten sie alles vor. Dann kam der Augenblick, den Abraham so fürchtete. Er musste es Isaak sagen. Isaak war überrascht und erschrocken. „Oh nein, Vater! Nein! Gott kann es nicht so gemeint haben!"

Aber nachdem ihm Abraham alles ruhig erklärt hatte, sagte Isaak: „Ich werde gehorchen, Vater. Ich verstehe es nicht, aber ich werde gehorchen." Dann sprachen sie vor dem Opfer ihre letzten Gebete. Sie umarmten einander und weinten bitterlich, als sie sich voneinander verabschiedeten. Dann hob Abraham langsam seine Hand und …

„Halt, Abraham!", rief die Stimme eines Engels. Eine unsichtbare Hand hielt seinen Arm zurück. „Jetzt sehe ich, dass du Gott gehorchst, auch wenn du deinen einzigen Sohn hergeben musst."

All die anderen Engel im Himmel und die Beobachter auf den anderen Welten stießen einen lauten Ruf vor Freude und Erleichterung aus.

Abraham hatte gesiegt, und Satan war geschlagen worden. Als Abraham den Widder opferte, den er in einem nahen Busch fand, sagte er zu sich selbst: „Jetzt kann ich ein wenig verstehen, wie sich Gott fühlen muss, seinen einzigen und geliebten Sohn zu opfern, um für uns zu sterben."

Als sich die Engel zur Anbetung vor dem Thron versammelten, unterhielten sie sich mit leisen Stimmen über dieses Ereignis. „Weißt du", sagte einer, „ich habe mich schon oft gefragt, wie es für Gott sein muss, seinen Sohn in diese Welt zu geben. Als ich Abraham heute beobachtete, wie er litt, habe ich besser verstanden, wie sehr Gott seine Kinder liebt."

Paula dachte angestrengt nach.

„Tante Traude, sollte ich einmal eine sehr schwere Prüfung haben, könnte es dann sein, dass Satan mit seinem Finger auf mich zeigt und Gott mich auf die Probe stellt?"

„Ja, das könnte sein. Zuerst muss Gott beweisen, dass er Recht hat und Satan lügt. Dann müssen die Engel und die anderen Geschöpfe sehen, wie sich Satans Pläne entwickeln. Zu guter Letzt muss jede Person geprüft werden, um herauszufinden, für welche Seite sie sich entscheidet."

„Es ist wie eine Theateraufführung in der Schule", bemerkte Lucas.

„Ganz genau", stimmte ihm Tante Traude zu. „Die Erde ist die Bühne, und wir Menschen sind die Schauspieler. Engel und andere Welten sind die Zuschauer. Sie beobachten sehr interessiert, wie wir unsere Rolle spielen – jeder von uns."

Als dieser Teil der Geschichte zu Ende war, konnten Paula und Lucas lange Zeit an nichts anderes denken. Millionen unsichtbarer Augen beobachteten sie, und das konnten sie nicht so schnell vergessen.

35.

SATANS GEFÄNGNIS ÖFFNET SICH

Im Thronsaal fand eine ernste Unterredung statt. Stellen wir uns vor, wie es gewesen sein mag, wenn wir gelauscht hätten.

Gott der Sohn stellte fest, dass die Menschen auf der Erde zahlreich geworden waren und sich über die Erde ausbreiteten. Würde man nicht einen besonderen Plan benötigen, um sie zu unterrichten? Der Vater stimmte zu. Ja, auch er hatte daran gedacht. Es war nicht genug, nur eine einzige Familie als Lehrer zu haben. Wie wäre es, ein ganzes Volk als Anschauungsbeispiel für die ganze Welt auszuwählen? Dieses Volk würde nicht einen gewöhnlichen Mann zum König haben, sondern Gott. Wenn sie ihm vertrauensvoll gehorchten, würde er aus ihnen ein so großes Volk machen, dass die ganze Welt sehen könnte, wie klug es ist, den wahren Gott anzubeten und ihm zu gehorchen.

Gott wählte Abraham und Isaak als Väter dieses großen Volkes aus. Sie hatten die schreckliche Prüfung bestanden, und man konnte sicher sein, dass sie ihre Familien den Weg Gottes lehren würden. Durch Isaaks Enkelsohn Josef bewirkte Gott, dass sein Vater Jakob und dessen ganze Familie nach Ägypten ziehen konnten. Dort hatten sie ein Land für sich und vermehrten sich schnell.

„Schaut", sagte Satan eines Tages zu seinen Engeln, als er auf die glücklichen und gesegneten Israeliten zeigte. „Seht ihr, was da vor sich geht? Wir müssen die Sache aufhalten."

Mit finsterer Miene stellten sie fest: „Was können wir denn noch dagegen unternehmen? Wir bereiten ihnen Schwierigkeiten, wo es nur geht, aber sie werden immer zahlreicher."

Ein böses Lächeln breitete sich auf Satans Gesicht aus, als ihm plötzlich eine Idee kam. „Ihr wisst doch, dass der Pharao, der Josefs Freund war, tot ist. Der jetzige König mag Josefs Leute nicht so sehr. Ich werde ihm einen Besuch abstatten." Er eilte zum Palast des Pharao.

„Fürchtest du dich nicht vor diesen Israeliten?", flüsterte er dem Pharao zu. „Bald werden sie so viele sein, dass sie sich erheben und dir dein Königreich wegnehmen. Du solltest etwas dagegen unternehmen."

Der Pharao hörte auf die Einflüsterungen des Teufels und begann die Israeliten zu versklaven. Aber trotz schwerster Arbeit und harter Peitschenhiebe wurde das Volk immer größer.

Dann erinnerte sich Satan an etwas. Hatte er nicht gehört, wie Gott zu Abraham sagte, dass sein Volk in etwa 400 Jahren aus Ägypten ausziehen werde? Bald wird die Zeit da sein und vielleicht wird Gott einen Führer für sein Volk heranziehen.

„Ich werde zwei Fliegen mit einer Klappe schlagen", sprach Satan zu sich selbst, als er zum Palast zurückeilte. Er überredete den Pharao, alle männlichen Säuglinge im Fluss ertränken zu lassen. Damit würde man viele Israeliten loswerden und zur selben Zeit den Einen vernichten, den Gott vielleicht als Führer erwählt hatte.

Daraufhin wurde ein himmlischer Engel zu einer Mutter geschickt, damit sie ihr Baby zum Fluss bringen solle, aber nicht, um es zu ertränken. Nein! Sie legte es sorgfältig in ein kleines Boot aus Schilf und betete, dass Gott ihr Kind irgendwie retten möge. Engel beobachteten das Boot und ließen nicht zu, dass irgendjemand anders das kleine Gefährt fand, bevor die Tochter des Pharao es entdeckte.

Die Ägypter verehrten den Fluss als Gott. Vielleicht dachte die heidnische Prinzessin, dass der Fluss-Gott ihr dieses Baby als besonderes Geschenk gegeben habe. Es war ein besonders freundliches, schönes Baby, also entschied sie sich sofort, dass Kind zu behalten. Sie nannte den Jungen Mose, denn dieser Name bedeutet, „aus dem Wasser gezogen". Als sie eine Mutter beauftragte, für das Kind in den ersten Jahren zu sorgen, ahnte sie nicht, dass es die Mutter von Mose selbst war. Sie lehrte ihren Jungen alles über Gott und über die Geschichte seines Volkes. Das war wichtig, denn in wenigen Jahren würde ihn die Prinzessin in ihren heidnischen Palast mitnehmen, und dort würde er nichts mehr von dem Gott im Himmel erfahren.

Als Satan sah, wie Engel dieses Baby bewachten, dachte er sich, dass dies ein besonderes Kind sein müsse. „Ich glaube, das ist es", sagte er zu seiner teuflischen Schar. „Vielleicht hat Gott dieses Kind als Führer auserwählt. Aber wir werden den Plan zunichte machen! Wenn wir ihn schon nicht töten können, dann gelingt es uns vielleicht, ihn mit diesen heidnischen Vorstellungen zu verwirren. Dann kann ihn Gott nicht mehr gebrauchen."

Sie unternahmen jeden nur erdenklichen Versuch, um Mose zu verleiten und zu verwirren. Ihr könnt euch sicher vorstellen, wie wütend sie an dem Tag waren, als er beschloss, lieber ein Sklave zu sein und Gott zu dienen, als der große Pharao Ägyptens zu werden.

„Was machen wir jetzt?", fragten Satans Engel.

„Nun, wenn er entschlossen ist, Gottes Volk anzuführen, dann wollen wir ihn verleiten, einen Fehler zu begehen." Sie waren erfolgreich. Beim Versuch, einen Ägypter zur Rede zu stellen, der einen Israeliten auspeitschte, tötete Mose den Ägypter. Er musste aus dem Land fliehen und um sein Leben rennen.

„Das haben wir ja gut hingekriegt", sagte der Teufel mit grimmiger Genugtuung. „Jetzt sind wir Mose und seine große Idee, das Volk zu führen, los."

Der arme Mose fühlte sich auch so. Wie traurig war er über den dummen Fehler, der sein Leben ruiniert und Gottes Plan zunichte gemacht hatte! Er lies sich in der Wüste nieder und wurde Schafhirte.

40 lange Jahre waren ins Land gezogen, und man hatte Mose beinahe vergessen. Mit einem grausamen Pharao, der die Israeliten quälte, und Mose, den er aus dem Weg geschafft hatte, dachte der Teufel, alles laufe nach seinen Plänen. Doch eines Tages sah er etwas Befremdendes.

Auch Mose sah es – einen Busch, der in Flammen stand, aber nicht verbrannte.

„Das ist Gott der Sohn, der mit Mose spricht", dachte der Teufel. „Ich frage mich, was er möchte. Ich muss hinübergehen und zuhören." Er hörte, wie Gott Mose bat, sein Volk aus Ägypten zu führen. „Das schon wieder", murmelte er ärgerlich. „Nach all diesen Jahren!" Er kam näher und überredete Mose, alle nur erdenklichen Ausreden vorzubringen, aber schließlich entschied sich Mose doch, Gottes Plan zu folgen.

Satan war wütend und verständigte eine Menge seiner bösen Engel. „Kommt schnell! Wir haben eine wichtige Arbeit zu erledigen." Während sie nach Ägypten eilten, erzählte er ihnen, was passiert war und was er zu unternehmen gedenke, um Gottes Pläne zu durchkreuzen.

Schwierigkeiten, Schwierigkeiten, Schwierigkeiten! Die nächsten 40 Jahre strengten sich Satan und seine Engel besonders an, um Probleme zu bereiten, wo sie nur konnten. Zuerst wollte der Pharao die Israeliten nicht ziehen lassen; dann versuchte er sie am Roten Meer einzufangen. In der Wüste gingen ihnen das Trinkwasser und das Essen aus. Heidnische Völker versuchten gegen sie zu kämpfen. Gott vollbrachte ein Wunder nach dem anderen, um sie aus diesen Schwierigkeiten zu retten.

Das Volk gab Mose, für alles, was geschah, die Schuld. Aber er war sehr geduldig mit ihnen. Nicht ein einziges Mal sprach er ein unfreundliches Wort – bis auf jenen Tag, kurz bevor sie ins verheißene Land kamen. Wieder einmal waren sie ohne Wasser, und Mose war erschöpft von ihren endlosen Beschwerden. Im Ärger schlug er den Felsen, anstatt mit ihm zu sprechen, wie Gott es befohlen hatte, und rief ein paar unbedachte Worte.

Als Folge bestimmte Gott, dass Mose das verheißene Land nicht betreten durfte. Moses Herz zerbrach fast. Sein ganzes Leben hatte er für diese eine Sache gelebt und gearbeitet, und jetzt wurde es ihm genommen. Wie musste sich Satan mit teuflischer Freude an der Enttäuschung und dem Leid Moses geweidet haben!

Mose bettelte, dass Gott doch seine Meinung ändern möge. „Es war doch nur so eine kleine Sache! Nur eine ungeduldige Handlung! Es tut mir so leid. Ich werde nie wieder etwas falsch machen. Lass mich, bitte, einfach nur hinübergehen und das Land sehen!"

Doch Gott gewährte ihm diesen Wunsch nicht, er ließ ihm aber einen Blick in die Zukunft werfen. Daher trocknete Mose seine Tränen und machte sich zum Sterben bereit. Ganz alleine stapfte er den Berg hinauf. Lautlos beobachtete das Volk die einsame Gestalt, bis sie ihren Blicken entschwunden war. Sie waren voller Kummer, denn es war hauptsächlich ihre Schuld, dass Mose ungeduldig geworden war.

Mose starb am Berg. Engel begruben ihn und wachten über seinem einsamen Grab. Aber eines Tages gab es große Aufregung. Einer von Satans Botenengeln kam voller Schrecken zu ihm geeilt.

„Komm schnell! Irgendetwas passiert bei Moses Grab!" So schnell er konnte, flog Satan dorthin.

Gott der Sohn war mit den Engeln, die Mose begraben hatten, vom Himmel gekommen. Er stand im Begriff, etwas zu tun, was noch nie zuvor in der Geschichte des Universums gemacht worden war. Im Himmel unterbrach jeder Engel seine Arbeit, um in atemloser Verwunderung zu beobachten, wie Gott Satans Gefängnis – das Grab – öffnete.

„Du kannst ihn nicht haben! Er gehört mir!", hörten sie Satan zornig rufen. „Wenn sie tot sind, gehören sie mir! Und außerdem hat er gesündigt, also hat er genauso wenig Recht, in den Himmel zu fahren wie ich!"

Er konnte der Gelegenheit nicht widerstehen, Gott wieder einmal zu sagen, dass seine Regeln zu hart seien – dass nicht einmal ein guter Mann wie Mose fähig sei, ihnen zu gehorchen. Gott der Sohn blieb nicht stehen, um zu streiten. Er sagte lediglich: „Ich werde den Vater auf deine Anklagen antworten lassen. Er soll dich zurechtweisen."

Dann – oh Wunder aller Wunder! – sprach er ein Wort, und Mose kam aus seinem Grab heraus. Sein Gesicht strahlte vor Freude, als er zu Gott dem Sohn aufsah und sich die leuchtenden Engel um ihn versammelten. Während Satan und seine Gefolgschaft dastanden und in verwirrtem Zorn nach oben schauten, stieg die fröhliche Gruppe in den Himmel hinauf, wo sie von Myriaden herrlich singender Engel willkommen geheißen wurden.

Ich kann mir vorstellen, dass die Engel in den nächsten Tagen über nichts anderes sprachen als darüber, wie Gott den Toten zurück ins Leben gebracht hatte. „Wie kann das nur sein?", sagten sie zueinander. „Wie können sie wieder leben, wenn Satan sie vernichtet hat? War es nicht ein wunderbares Schauspiel?" Sie gingen an ihre Arbeit zurück und sangen glücklicher als je zuvor.

Paulas Herz war von dieser Geschichte gepackt worden.

„Es muss so gewesen sein, als würde man Gott zuschauen, wie er eine neue Erde und neue Menschen erschafft."

„Es war noch schöner als das", sagte Tante Traude. „Ein neues Lebewesen aus neuem Material zu erschaffen ist eine Sache. Aber ein herrliches unsterbliches Wesen aus jemandem zu machen, der von Satan und der Sünde zerstört worden ist – das ist wahrlich Gottes größtes Wunder. Darum herrscht im Himmel mehr Freude über einen Sünder, der Buße tut, als über viele, die es nicht nötig haben, Buße zu tun."

Nächstes Mal erzähle ich euch noch mehr über Mose und einen besonderen Auftrag, den er von Gott während seines Lebens bekommen hatte.

36.

SATAN VERWIRRT DIE MENSCHEN

Als der Vater und der Sohn darüber nachdachten, auf welche Weise sie die Menschen unterweisen könnten, entwarfen sie zwei wichtige Pläne. Erstens sollte es ein besonderes Volk geben, um der Welt den Willen Gottes zu verdeutlichen. Zweitens sollte es dafür auch ein besonderes Buch geben.

„Machen wir ein Buch!", sagten sie. Wenn die Zeit vergangen ist und die guten Anführer gestorben sind oder das besondere Volk in Gefahr steht, untreu zu werden, wäre das Buch immer für diejenigen da, die Gott vertrauen und seinen Willen befolgen wollen.

Gott hatte die ganze Erde nach einem geeigneten Mann abgesucht, um dieses Buch zu beginnen. Bald fand er den Richtigen dafür. Es war Mose. Er hatte viel Zeit, während er in der Wüste Midian 40 Jahre lang Schafe hütete. So fing er an zu schreiben. Er begann mit der Geschichte der Schöpfung und berichtete von wichtigen Ereignissen in jener Zeit.

Als die Jahre vergingen, fand Gott andere, die dem Buch Teile hinzufügten. Das Buch erzählt von Gott und Satan, darüber, wie die Erde entstand, und über Ereignisse auf der Erde, die wir Geschichte nennen. Es erzählt davon, wie man Gott vertraut und so leben kann, dass man selbst glücklich ist und auch Gott Freude bereitet. Manchmal berichtet es auch von Dingen in einer anderen Zeit – von Dingen, die in der

Zukunft stattfinden werden. Die Weissagungen sollen die Menschen wissen lassen, wann Gott etwas Besonderes auf der Welt tun wird, und sie darauf vorbereiten.

Kannst du erraten, wer Gottes Buch mehr als alle anderen auf der ganzen Welt studierte? Es war der Teufel selbst! Er studierte und studierte, um herauszufinden, wann Gott der Sohn Mensch werden würde. Er konnte diesen Augenblick kaum erwarten.

„Wartet nur, bis er hier auf die Erde kommt!", sagte er zu seinen bösen Engeln mit einem schrecklichen Ausdruck von Hass auf seinem Gesicht. „Dann wird er nicht so stark sein. Wenn ich ihn schon nicht dazu bringen kann, etwas falsch zu machen, werde ich ihn umbringen. Die Erde wird so für immer uns gehören."

Aber während Satan selbst das Buch sorgfältig studierte, tat er sein Bestes, um die Leute davon abzuhalten, es zu lesen. Er ließ es verschwinden, machte, dass die Leute es vergaßen, oder er verwirrte sie.

Einige tausend Jahre waren bereits vergangen, seit Satan den Garten verlassen musste und Gott der Sohn versprochen hatte, in diese Welt zu kommen und Mensch zu werden. Gerade gab es große Aufregung im Himmel. Es schien, als würden mehr Botschaften als üblich auf die Erde gebracht werden. Es war ein Kommen und Gehen! Was könnte so wichtig sein?

Ah! Der Thron! Der Platz von Gott dem Sohn war leer. Ja! Das war es! Der Platz von Gott dem Sohn war leer. Jetzt musste die Zeit gekommen sein. Kein Wunder, dass die Engel so beschäftigt und aufgeregt waren! Aber sie waren etwas merkwürdig. Sie schienen froh und traurig zugleich zu sein. Wann immer sie auf die Erde hinunterblickten, waren sie verwundert.

„Ich verstehe das nicht", sagte ein Botenengel zum anderen. „Die Menschen haben gebetet und gebetet, dass der Sohn kommt, und jetzt tun die meisten so, als ob es sie gar nicht kümmern würde. Nur einige, hier und da, haben gläubig das Buch studiert und wissen, dass die Zeit gekommen ist."

Ja, die Engel hatten Recht. Nur einige wenige wussten, dass die Zeit gekommen war. Der Teufel hatte Erfolg damit gehabt, die meisten dazu zu bringen, das Studium des Buches zu vernachlässigen. Die Führer, die dazu bestimmt waren, zu lesen und die Menschen zu unterweisen, hatte der Teufel so verwirrt, dass sie auf die falschen Dinge achteten. Sie nahmen die Teile heraus, die sie mochten, und ließen diejenigen weg, die nicht so erfreulich waren. Das, was Gott ihnen durch das Buch sagen wollte, konnten sie dadurch nicht erkennen. Außerdem waren sie zu stolz und zu eigensinnig, um zuzulassen, dass irgendjemand anderes die Wahrheit predigte.

Die Zeit war jetzt gekommen. Die Engel im Himmel beobachteten – Satan und seine Engel beobachteten – die Leute auf den anderen Welten beobachteten; aber hier auf dieser Erde waren es nur ein paar wenige, die das taten.

Alles war bereit. Jeder Tag könnte jetzt der Tag sein, an dem der Sohn Gottes Mensch werden sollte!

„Ich weiß, was das für ein Buch ist", sagte Lucas. „Es ist die Bibel."

„Du hast Recht", sagte Tante Traude. „Denkt daran: All die Geschichten in der Bibel, alle Geschichtsbücher, die ihr lest, das Radio, das Fernsehen, die Zeitungen, alles, was Menschen tun und sagen, erzählen von diesem Kampf zwischen Gott und Satan. Sie kämpfen um uns, und wir entscheiden, wer von den beiden uns für sich gewinnen wird."

37.

GOTT DER SOHN WIRD MENSCH

„Oh, ich bin so müde, Josef! Ich glaube, ich kann keinen Schritt mehr weitergehen." Es war Maria, die das sagte. Josef und Maria hatten die lange Reise von Nazareth nach Betlehem gemacht, und Maria war völlig erschöpft. Sie waren die Straßen auf- und abgelaufen, um ein Zimmer für die Nacht zu finden, aber sie hatten keinen Erfolg. Schließlich erlaubte ihnen ein Mann, die Nacht in seinem Stall zu verbringen.

In einem Stall! Wie erniedrigend! Aber es war besser, als die ganze Nacht auf der Straße zu verbringen. Sie nahmen das Angebot an. Wenn die Leute nur ihr Geheimnis gekannt hätten, wie glücklich und stolz wären sie gewesen, Josef und Maria ein Zimmer anzubieten. Aber keiner wusste es. Keiner schien sich darum zu kümmern.

Seit viertausend Jahren hatten die Engel, die guten und die bösen, darauf gewartet, dass Gott der Sohn Mensch wird. Jetzt war die Zeit gekommen. Satan wusste es, denn er hatte das Buch studiert. Seine Augen und Ohren waren für jedes Zeichen weit geöffnet. Deshalb wusste er, dass es sich um eine wichtige Angelegenheit handelte, als der oberste Engel eines Tages vom Himmel in Marias Haus kam. Satan eilte herbei, um zu lauschen. Er hörte, wie der Engel Maria mitteilte, dass Gott sie auserwählt habe, hier auf Erden die Mutter von

Gott dem Sohn zu sein. Weil der Sohn einen Namen haben musste wie andere Menschen auch, teilte ihr der Engel mit, dass er Jesus
heißen sollte.

So geschah es, dass in jener Nacht, als Josef und Maria im Stall
schlafen mussten, Gott der Sohn als Baby Jesus in die Welt geboren
wurde. Jetzt, da der große Tag endlich gekommen war, waren die
Herzen der Engel mit Freude erfüllt. Sie wollten die frohe Botschaft
in die ganze Welt hinausrufen. Gott erlaubte ihnen, es einigen Hirten
zu sagen, die den Sohn erwarteten. Eine Gruppe Engel flog auf das
Feld hinunter, wo die Hirten ihre Schafe hüteten, und einer erzählte
es ihnen. Die übrigen Engel waren so von Freude erfüllt, dass sie sich
nicht mehr länger zurückhalten konnten und „Gott sei die Ehre"
sangen. Das ganze Land erstrahlte dabei von ihrem hellen Licht.

Eine andere Gruppe von Engeln flog in ein weit entferntes Land und
erschien als Stern in der Nacht einigen weisen Männern. Sie hatten das
Buch studiert und wussten, dass die Zeit gekommen war. Der Engel-
Stern leuchtete jede Nacht und führte diese Männer zu dem Platz, wo
Gott der Sohn geboren worden war.

Ihr könnt euch sicher sein, dass der Teufel und seine Engel
ebenfalls sehr eifrig und auch aufgeregt waren. Sie versammelten
sich immer wieder in kleinen Gruppen, um zu entscheiden, was als
Nächstes zu tun sei. Sie wussten, dass das ihre einzige Möglichkeit
war, Gott den Sohn zu besiegen.

Der Teufel dachte sich einen Plan aus, wie er Jesus, solange er noch
ein Säugling war, töten könnte. „Auf diese Weise können wir das ganze
Problem schnell und ohne große Schwierigkeiten lösen", sagte er zu
seinen Helfern. Sie überredeten den König, alle Babys in der Stadt
töten zu lassen. Aber gute Engel eilten mit dem Baby Jesus und seinen
Eltern davon, bevor die Soldaten des Königs es fanden.

Wie sehr trauerten die anderen Mütter um ihre getöteten Kinder!
Sie fragten sich, warum es Gott zugelassen habe, dass ihnen so eine
schreckliche Sache widerfuhr. Sie konnten den verzweifelten Kampf
zwischen Gott und Satan nicht sehen, der im Hintergrund tobte. Eines
Tages, wenn der Krieg vorbei ist und die Menschen, die Gott vertraut

haben, im Himmel leben, wird Gott diesen Müttern alles erklären. Dann werden sie es verstehen.

Satan war sehr wütend, weil die Engel Jesus vor seinem mörderischen Plan gerettet hatten. Er rief seine Helfer zu einem weiteren Treffen zusammen. „Bringt seine Spielgefährten dazu, ihn zu ärgern, damit er falsch handelt", ordnete Satan an. „Wenn wir ihn wütend machen, wird er einen Fehler begehen. Dann ist er unser Gefangener."

Vielleicht waren in der Stadt, in der Jesus lebte, zwei harte Burschen. Weil er ihrer Bande nicht beitreten und nicht kämpfen wollte, nannten sie ihn einen Feigling. Ich kann mir vorstellen, dass sie ihn stießen und schlugen, wenn sie die Gelegenheit dazu hatten. Vielleicht nannten sie ihn ein frommes Kerlchen, weil er ihnen nicht half, etwas aus dem Geschäft an der Ecke zu stehlen, oder sie abzubringen versuchte, Hunde und Katzen zu quälen. Selbst seine Brüder stritten mit ihm, wenn er sie vor etwas Falschem bewahren wollte.

Sicher rief Satan am Ende einer jeden Woche seine Engel zusammen und fragte: „Nun, wart ihr heute erfolgreich?" Jede Woche schüttelten sie niedergeschlagen den Kopf und sagten: „Wir haben wirklich alles nur Erdenkliche gemacht, aber wir können ihn einfach nicht zur Sünde verleiten. Noch nie zuvor haben wir solch einen Jungen gesehen!"

„Gebt nicht auf! Versucht es weiter! Denkt daran: Sein Leben oder eures!", ermutigte sie Satan.

Dann reifte ein anderer Plan im Kopf des Teufels. Nehmen wir an, dass wir hören können, wie er mit seinen Engeln sprach.

„Ihr alle habt bemerkt", mag er gesagt haben, „wie Jesus es liebt, seine Bibel zu studieren. Ihr wisst, wie wir die führenden Lehrer in ihren Vorstellungen über Gott und sein Leben als Mensch verwirrt haben. Wenn wir den Jungen nur in eine ihrer Tempelschulen bringen könnten, bin ich sicher, dass die Lehrer auch ihm den Kopf verdrehen."

„Das ist ein sehr kluger Vorschlag", stimmten die teuflischen Engel zu.

Stellen wir uns vor, was bald danach in Nazareth geschah.

Eines Tages war die ganze Stadt auf den Beinen. Wie ein Lauffeuer hatte sich die Nachricht verbreitet, dass einige hohe Persönlichkeiten das Dorf erreicht hätten. Da kamen sie recht stolz in ihren teuren, eleganten Gewändern die staubigen Straßen der kleinen Stadt herunter.

Ich kann mir vorstellen, dass Männer ihre Arbeit unterbrachen, Kinder aus den Fenstern guckten und Frauen durch kleine Türspalten spähten. Ein Nachbar sagte zu einem anderen: „Ich frage mich, was um alles in der Welt die hier wollen. Schau! Sie bleiben am Haus von diesem Jungen Jesus stehen. Also, ich muss schon sagen! ..."

Der andere antwortete: „Siehst du, was ich sehe?" Es sind einige der Lehrer aus einer der Tempel-Schulen. Weißt du, dieser kleine Junge Jesus ist ein kluges Köpfchen, auch wenn er in vielerlei Hinsicht sonderbar und anders ist."

So wurde weitergetratscht, bis sich die wichtig aussehenden Männer zur Eingangstür des einfachen, kleinen Häuschens begaben. Die Mutter war wahrscheinlich erstaunt. Freundlich bat sie die Herren hinein.

„Du hast einen sehr klugen Jungen", sagten sie. Sie lächelten Jesus an, der neben ihnen stand. „Vor einigen Tagen haben wir im Tempel festgestellt, dass er ein außergewöhnlich guter Schüler ist. Es würde uns freuen, wenn er unsere besondere Schule besuchte. Er wird ein großer Lehrer werden, wenn wir ihn gut erziehen."

Dann bin ich mir sicher, dass die Männer Jesus einige Fragen stellten, um herauszufinden, wie viel er wusste. Auch er hatte einige Fragen an sie, denn sie waren ja wichtige Lehrer, und er war immer begierig, etwas zu lernen. Er fragte sie nach dem Kommen von Gott dem Sohn. Sie sagten, es sei eine wunderbare Sache für das Volk, denn er werde ein großer und mächtiger König sein.

„Aber was ist mit der Stelle in der Bibel, wo steht, dass er auf die Erde kommen wird, um zu leiden und zu sterben?", mag Jesus entgegnet haben.

Nun, die Männer wussten nicht genau, wie sie diese Frage beantworten sollten. Aber sie erwiderten, dass, wenn Jesus nur in ihre Schule käme, sie ihm all diese Dinge erklären könnten.

Als die Männer gegangen waren, sprach die Familie über alles. Jesus entschied sich, nicht in die Tempelschule zu gehen, denn einige Dinge wurden nicht mehr so gelehrt, wie sie in der Bibel standen.

Wieder war Satan enttäuscht und wütend, denn ein weiterer Plan war misslungen. „Ich hatte gehofft, dass diese Lehrer den Jungen in seinem Denken verwirren würden", sagte er zu seinen bösen Engeln. „Nun gut, wir müssen uns etwas anderes überlegen."

Eines Tages, als Jesus schon erwachsen war, putzte er seine Zimmermannswerkstatt, räumte seine Werkzeuge weg und ging ins Haus. „Mama", sagte er zu Maria. „Ich habe gehört, dass mein Vetter Johannes am Fluss Jordan predigt und tauft. Du weißt, dass dies das Zeichen dafür ist, um mit meinen Predigten zu beginnen."

Maria schaute ihn liebevoll an. Sie erinnerte sich an das, was der Engel gesagt hatte, bevor Jesus geboren wurde. „Also gut, mein Sohn", antwortete sie, „du weißt, wozu du bestimmt bist."

Als sie ihm nachwinkte und sah, wie er hinter dem Hügel verschwand, war ihr Herz froh und traurig zugleich. Traurig, weil sie ihn sehr vermissen würde. Er war zu Hause so ein liebevoller, hilfsbereiter Sohn gewesen. Sie war aber glücklich darüber, was für ein wunderbarer, berühmter Mann er werden würde. Das dachte sie jedenfalls.

Als Jesus auf den Fluss Jordan zuging, war sein Herz mit Freude erfüllt, weil er die Arbeit seines himmlischen Vaters tun konnte. Er war jung und stark und schritt schnell voran. Über ihm schwebte eine Wolke unsichtbarer Engel, die alles eifrig beobachteten. Immer knapp daneben war der finstere Schatten des Teufels, der Jesus auf Schritt und Tritt folgte und ständig überlegte, wie er ihm Schwierigkeiten bereiten könnte.

Am Jordan stieg Jesus in das Wasser, um sich von Johannes taufen zu lassen. Danach kniete er am Ufer nieder und betete. Seine Gebete stiegen geradewegs durch das Universum zum Thron Gottes empor. Eines der himmlischen Tore öffnete sich einen Spalt, und der Vater blickte herab und ließ ein wenig von der himmlischen Herrlichkeit auf die Erde herabkommen und Jesu Gesicht erleuchten. Der Heilige Geist schwebte in Form einer Taube über seinem Kopf. Die Engel, die Jesus umringten, blickten voller Staunen und Verwunderung auf diese Szene. Dann war die Stimme Gottes wie lautes Donnergrollen zu hören: „Dies ist mein geliebter Sohn, an dem ich Wohlgefallen habe."

Von ihren nahen Beobachtungsposten aus hatten die bösen Engel alles mitbekommen. Als er die Worte Gottes hörte, brach Satan in einen Wutanfall aus. „Genau wie es auch im Himmel immer war", zischte er. „Die gleiche alte Geschichte! Es hat sich kein bisschen geändert! Immer noch wird der Sohn dem Rest von uns vorgezogen." Er stapfte, bebend vor Zorn, davon, um seine hasserfüllte Rache zu planen.

Nach seiner Taufe begab sich Jesus in die Wüste. Er wollte allein sein, um über seine zukünftige Arbeit nachzudenken und zu beten. Nach vierzig Tagen Fasten hatte er sich beinahe zu Tode gehungert. Er war so schwach, dass er nicht einmal in die Stadt gehen konnte, um sich etwas zu essen zu kaufen.

Genau jetzt erschien ein wunderschön leuchtender Engel. Ah! Gott hatte Hilfe gesandt. Der Engel sagte zu ihm: „Wenn du Gottes Sohn bist, warum befiehlst du diesen Steinen nicht, sich in Brot zu verwandeln?"

Als Jesus diese Worte hörte, wusste er, dass es Satan war, der ihn versuchen wollte. Lieber wollte er verhungern, als auch nur auf eine der kleinsten Einflüsterungen Satans zu achten. Satan versuchte es mit anderen Angeboten, aber immer antwortete Jesus mit Texten aus der Bibel.

Die guten Engel, die beobachteten wie grausam der Teufel sein konnte, waren entrüstet. Wie konnte er Jesus so quälen, wo er jetzt doch so schwach und hilflos war! Sie wollten dazwischeneilen und helfen, aber ihr führender Engel hielt sie zurück. „Damit es ein gerechter Kampf ist", sagte er, „muss Jesus alleine kämpfen."

Schließlich befahl Jesus Satan fortzugehen. Obwohl sich Satan selbst dafür hasste, wagte er nicht, sich diesem Befehl zu widersetzen. Als Jesus dann wie ohnmächtig und vom Kampf erschöpft zu Boden fiel, brachten ihm nun die Engel Essen und Wasser und trösteten ihn.

Über seine Niederlage wütend und gedemütigt, berief Satan seine Heerscharen zu einer großen Versammlung ein. Obwohl er sich schämte, es zuzugeben, musste er seinen dämonischen Kameraden bekennen, dass alle seine ausgeklügelten Pläne erfolglos waren. Sie lauschten in düsterer Stille, als er erklärte: „Ich war mir ganz sicher, dass ich ihn in seiner Schwäche besiegen kann. Es scheint, dass wir ihn mit direkten Angriffen nicht besiegen können. Wir müssen durch Menschen arbeiten." Dann redete er mit einem grausamen Glanz in den Augen beinahe zuversichtlich: „Wir könnten einige davon überzeugen, ihn zu verfolgen und vielleicht – auch zu töten!"

Diese Worte weckten den Eifer der dämonischen Scharen. Sie steckten die Köpfe zusammen und schmiedeten Pläne. Dann eilten sie davon, um sie auszuführen. Wo immer Jesus hinging, waren teuflische Engel anwesend, die gegen ihn arbeiteten. Meistens waren sie erfolgreich. Viele Leute wurden beeinflusst, Jesus nicht zu glauben und ihn sogar grausam zu behandeln.

Vor langer Zeit und noch im Himmel war das Herz von Gott dem Sohn fast gebrochen worden. Luzifer, sein liebster Engel und besonderer Freund, hatte sich gegen ihn gewandt und andere Engel überredet, sich ihm anzuschließen. Jetzt, unten auf der Erde, wiederholte sich die Geschichte. Gott der Sohn war jetzt der Mann Jesus und Luzifer war Satan, der Feind. Anstelle von Engeln, waren es jetzt Menschen, die Satan gegen Gott aufzubringen versuchte.

Freude erfüllte das Herz von Jesus, als er die Arbeit seines Vaters auf der Erde tat. Aber sie wurde oft mit Traurigkeit vermischt, wenn es Satan wieder einmal gelungen war, Menschen dazu zu bringen, sich von ihm abzuwenden. Darum wurde Jesus auch ein Mann der Sorgen genannt, der wusste, was Kummer bedeutet.

„Ich habe die Geschichte von Jesus schon sehr oft gehört", sagte Paula. „Aber noch nie habe ich sie so gut verstanden."

„Aber das ist auch das unfassbar Wundervolle an dieser Geschichte", sagte Tante Traude. „Je öfter wir sie hören, desto mehr verstehen wir sie, und doch scheinen wir sie nie ganz zu begreifen. Immer gibt es noch mehr zu lernen. Selbst die Engel im Himmel hören nie auf, darüber zu staunen."

38.

ER BEZAHLT DEN PREIS

Wie glücklich war Jesus, die Arbeit seines Vaters zu tun! Es machte sein Herz froh, die Kranken zu heilen, die Traurigen zu trösten und den Menschen das ewige Leben zu predigen. Er wusste, dass Satan versuchte, seine Arbeit zu behindern, und ihn sogar töten wollte, aber er hatte keine Angst; denn er spürte die Gegenwart Gottes, und immer waren heilige Engel um ihn herum, um ihn zu beschützen.

Manchmal hatte der Teufel Erfolg darin, einen Aufruhr gegen Jesus anzuzetteln. Aber immer, wenn es schon so aussah, als würden sie ihn sicher töten, war er wie durch ein Wunder plötzlich weg! Unsichtbare Engel hatten ihn umringt und ihn schnellstens weggebracht. Die bösen Engel waren besiegt und blieben wütend zurück.

Aber eines Tages machte sich eine Veränderung bemerkbar. Jesus begann wich den Fallen seiner Feinde nicht mehr aus, so wie er es normalerweise tat. Seine Freunde waren besorgt und baten ihn, auf der Hut zu sein. Sie waren verwirrt wegen geheimnisvoll klingender Dinge, die er zu ihnen sprach. Er sagte ihnen, dass seine Zeit gekommen und es seinen Feinden nun erlaubt sei, ihn zu töten. Sie konnten es nicht glauben. „Nein! Das darf doch nicht geschehen!", verlangten sie.

Dann kam das letzte Abendessen, das Jesus und seine zwölf Jünger gemeinsam zu sich nahmen. Diese ahnten nicht, dass es ihr vorläufig letzter gemeinsamer Abend war, nur Jesus wusste es. Er wusste auch, dass sich Judas, einer seiner Jünger, ihn an seine Feinde ausliefern würde. Wie sehr tat Jesu Herz weh, denn er liebte Judas und wollte ihn davor bewahren, ein Verräter zu sein. Doch Judas lies sich nicht abbringen.

Nach dem Abendmahl gingen Jesus mit nur noch elf Jüngern nach draußen. Es war eine wunderschöne Frühlingsnacht. Der Mond leuchtete hell. Als sie langsam dahingingen, sprach Jesus mit ihnen und beantwortete ihre Fragen. „Es gibt so vieles, was ich euch sagen möchte", sagte er. Aber es war nur mehr wenig Zeit. Nach einer Weile hielten sie an, und Jesus betete für sie.

Sie erreichten den Garten Gethsemane – ein beliebter kleiner Park, nicht weit von der Stadt entfernt. Am Eingangstor hörte Jesus plötzlich zu sprechen auf. Als ihn die überraschten Jünger anblickten, erschraken sie über den Ausdruck tiefster Traurigkeit, der sich über Jesu Gesicht gelegt hatte. Er atmete schwer, brach in Schweiß aus und sein Körper verlor jegliche Kraft. Als er wankte und beinahe hinfiel, versuchten die Jünger, ihn zu einem Platz zu bringen, wo er sich ausruhen konnte. „Mein Herz ist traurig", klagte er, „traurig bis zum Tod."

Am Eingang zum Garten bat Jesus seine Jünger, dazubleiben und auf ihn zu warten. „Betet mit mir!", bat er eindringlich. „Betet mit mir!" Dann ging er ein Stück weiter und fiel zu Boden.

Oh, wenn die Jünger nur gesehen hätten, was die Engel sahen! Im ganzen Himmel war es totenstill. Kein Lied war zu hören; keine Harfe wurde angerührt. Die erstaunten Engel beobachteten in schmerzlicher Stille, wie der Vater langsam die Strahlen seines Lichts und seiner Liebe von seinem Sohn abwandte und ihn unbeschützt und alleine zurückließ.

Für Gott den Sohn war die Zeit gekommen, den Preis des Todes für die Menschen zu bezahlen, so wie er und Gott der Vater es vor langer Zeit im Himmel vereinbart hatten. Aber jetzt war der Sohn ein Mensch – ein menschliches Wesen, wie wir es sind – also fürchtete er, dass er die Prüfung nicht bestehen könnte und für immer von Gott und dem Himmel getrennt wäre. Die Gegenwart Gottes hatte ihn verlassen und er fühlte, wie sich ein Sünder ohne Gott und ohne

Hoffnung fühlen muss. Er hatte nur mehr seinen Glauben, an den er sich klammern konnte.

Satan kam mit all seinen teuflischen Engeln, um Jesus zu quälen. „Ich habe keinen Erfolg gehabt, als ich ihn in der Wüste versuchte, aber diesmal werde ich Erfolg haben", versprach er.

Als sich Jesus die Qualen und den Tod vorstellte, hatte er das Gefühl, es nicht ertragen zu können. Auf dem kalten Boden liegend, von Dämonen umgeben, die ihn verspotteten und versuchten, schrie er laut zu Gott: „Muss ich das alles erleiden? Gibt es keine andere Möglichkeit?" Aber Gott antwortete nicht, und kein Engel kam, um ihn zu trösten.

Schließlich hielt er es nicht mehr länger aus. Er musste mit jemandem sprechen. Schmerzerfüllt stand er auf und ging zu seinen Jüngern. Es tat ihm weh, sie schlafend vorzufinden. Machten sie sich so wenig Gedanken über sein Leid, dass sie nicht einmal für ihn beten konnten?

Beim Klang seiner Stimme erwachten die Jünger schuldbewusst. Sie starrten ihn in erschrockenem Schweigen und in Furcht an. Das Gesicht von Jesus war mit blutigem Schweiß bedeckt und sein Aussehen war von der Angst so verändert, dass sie ihn kaum wiedererkannten. „Könnt ihr nicht eine Weile mit mir beten?", flehte er. Dann taumelte er an den Ort seines Leidens zurück.

Immer wieder flehte Jesus zu seinem Vater, dass er, wenn möglich, einen anderen Weg gehen könne, um den Preis für die Rettung der Welt zu bezahlen. Satan und seine Engel umringten ihn wie dunkle Schatten und warteten, ob Gott seine Gebete beantworten würde. Aber da kam keine Antwort.

Schließlich rief Jesus aus: „Vater, wenn es keinen anderen Weg gibt, werde ich es tun! Dein Wille geschehe!" Dann fiel er wie tot zu Boden. Sein Leiden war fast unerträglich.

Dann erschien ein Licht wie ein Blitzstrahl, und der oberste Engel des Himmels bahnte sich einen Weg durch die Mengen böser Engel und kniete neben Gott dem Sohn nieder. Sanft wischte er den blutigen Schweiß aus Jesu Gesicht und sprach ihm Mut und Trost zu. Er erinnerte Jesus daran, dass Gott stärker als Satan ist und Jesu Tod viele Menschen aus den Klauen Satans reißen und ihnen ewiges Leben schenken würde.

Die Worte des mächtigen Engels gaben Jesus wieder Kraft, und er stand auf, um seinen Feinden mit ruhigem Mut entgegenzutreten. Er kam zu seinen Jüngern und sagte: „Kommt, lasst uns gehen!"

Dann erreichte der Klang von lärmendem Soldaten ihre Ohren. Judas kam mit ihnen, um Jesus gefangen zu nehmen. Für einen kurzen Augenblick zeigte der Engel mit einem Lichtschein seine Gegenwart, und seine Gegner fielen wie tot zu Boden. Aber Jesus versuchte nicht zu fliehen, und so stand die Menge wieder auf und umringte ihn. Die Jünger wollten schon zu kämpfen beginnen, aber Jesus hielt sie zurück. „Auf diese Weise muss es geschehen", sagte er zu ihnen. „Wisst ihr nicht, dass mir, wenn ich nur ein Wort sagte, sofort tausende Engel helfen würden?"

Wahrscheinlich rief Satan jetzt seine ganze Schar böser Engel herbei. „Unterbrecht alle eure Arbeit!", befahl er. „Nichts ist so wichtig wie das hier. Unsere ganze Zukunft – unser Überleben – hängt davon ab, ob wir diesen Kampf gewinnen."

Es war der aufregendste Tag im Leben des Teufels. Er und seine Dämonen eilten umher, um in den Menschen unbändigen Hass auf Jesus zu wecken. Böse Männer spuckten ihm ins Gesicht, beschimpften ihn und schlugen ihn mit scharfen Peitschen, aber kein einziges Wort kam über Jesu Lippen.

Satan war rasend vor Wut. „Wenn wir ihn doch nur aus der Fassung bringen könnten! Drängt ihn dazu, auch nur ein ungeduldiges Wort zu äußern!"

Die verzweifelten Dämonen stachelten die wilde, schreiende Meute zu noch mehr Anschuldigungen und Quälereien auf. Dann hörte man plötzlich den Ruf: „Kreuzigt ihn! Kreuzigt ihn!" ... und sie machten sich auf den Weg ihn zu kreuzigen.

Unter schrecklichem Getöse führte der grausame Pöbel Jesus zu einem Hügel außerhalb der Stadt, um ihn dort an ein Kreuz zu nageln. Wie mussten die Engel bei diesem Anblick erschaudert sein!

In der Menge, die sich um das Kreuz versammelt hatte, war eine kleine Gruppe von Jesu Freunden mit seiner kummergebeugten Mutter. Voller Trauer schrie ihr Herz: „Warum erhört Gott meine Gebete nicht und rettet ihn?" Vielleicht hoffte sie immer noch, dass Gott eingreifen und ihn im letzten Moment retten würde, genauso wie er es tat, als Abraham Isaak opferte. Sie wusste nicht, dass, wenn Gott ihr Gebet erhört hätte, der ganze Plan, die Welt zu retten, gescheitert wäre.

Als Jesus seine Augen öffnete und auf die Menge unter ihm sah, erblickte er das tränenüberströmte Gesicht seiner Mutter, die ihn mitleidsvoll ansah. „Mutter", sagte er zu ihr, „mein Freund Johannes wird ab jetzt dein Sohn sein." Da wusste sie, dass er sterben würde. Sie wurde von erdrückendem Schmerz übermannt. Johannes führte sie weg, damit sie nicht zusehen musste, wie ihr Sohn starb.

Als Jesus am Kreuz hing, litten sein Vater und die heiligen Engel mit ihm, aber er wusste nicht, dass sie da waren. Die Engel verbargen sich in der Dunkelheit. Es war ihnen nicht erlaubt, ihm auch nur ein Wort des Trostes oder der Hoffnung zuzuflüstern. Nur der Teufel und die bösen Engel umringten ihn und zischten grausame Worte und Versuchungen ins Ohr. „Jetzt haben wir dich!" „Du wirst nie wieder leben!" „Warum unterwirfst du dich mir nicht endlich, und ich werde ihnen sagen, dass sie aufhören sollen, dich zu quälen." „Dein Leiden hat keinen Nutzen für die Menschheit – sie schätzen es nicht!"

Wie um die Worte des Teufels zu bestätigen, drang der Klang von fluchenden, verspottetenden und hasserfüllten Stimmen an Jesu Ohr. Er fühlte sich völlig allein gelassen. Verzweifelt rief er aus: „Mein Gott! Mein Gott! Warum hast du mich verlassen?"

Der Klang dieser Worte durchbohrte das Herz des Vaters, aber er wagte es nicht, ihm zu antworten. Mit Verwunderung sahen die Engel den verzweifelten Schmerz von Jesus. Sie konnten den Anblick nicht länger ertragen. Voller Schrecken wandten sie sich ab und bedeckten ihre Gesichter vor diesem grausamen Bild.

Jesus wusste, dass er gleich sterben würde. Er hatte das Abkommen mit seinem Vater erfüllt und den Preis des Todes für die Menschen bezahlt. Noch einmal hörte man seine Stimme, die laut zum Vater rief. „Es ist vollbracht!" Dann senkte er sein Haupt und starb. ...

Später kamen mitleidige Freunde und nahmen seinen Körper vom Kreuz. Sie trugen ihn weg und legten ihn sanft in ein Grab. Der Eingang zum Grab wurde mit dem Siegel des Statthalters verschlossen, damit es niemand öffnen konnte. Soldaten standen davor, um es zu bewachen. Rundherum lagerten sich die Heerscharen teuflischer Engel wie große schwarze Schatten, um alles zu überwachen.

Die Augen eines jeden Wesens im Universum waren auf das stille Grab geheftet. Alle Engel des Himmels und alle Bewohner der herrlichen Welten warteten atemlos und gespannt auf das, was als Nächstes geschehen würde.

Als die Geschichte zu Ende war, waren Paulas Augen mit Tränen gefüllt. „Jetzt verstehe ich besser, warum Gott unsere Gebete nicht immer so beantwortet, wie wir es uns vorstellen. Wenn er nicht einmal die Gebete Jesu und die seiner Mutter Maria beantworten konnte – nun, dann ist es leichter zu begreifen, warum er die Gebete einfacher Menschen wie uns nicht immer erhören kann. Wir könnten um etwas bitten, was einen wichtigen Plan zerstören würde."

Tante Traude nickte zustimmend.

„Aber eine Sache verwirrt mich immer noch", fuhr Paula fort.

„Gott hat doch versprochen, bei uns zu sein, wenn wir sterben. Warum hat er sich von Jesus abgewandt und ihn alleine sterben lassen?"

„Nun, weißt du, Gott kann nicht in der Nähe von Sünde sein, und …"

„Aber Jesus hat nie etwas falsch gemacht, Tante Traude", unterbrach Lucas.

„Nicht so schnell, Lucas! Ich werde versuchen, es zu erklären. Als Jesus zustimmte, die Strafe für die Sünde auf sich zu nehmen, nahm er sie für alle menschlichen Wesen auf sich, auch für die, die noch gar nicht lebten. Wisst ihr, wie schlecht man sich fühlt, wenn man nur eine einzige Sache falsch gemacht hat?"

Paula und Lucas nickten und schauten einander an, als sie sich daran erinnerten, wie schrecklich sie sich wegen des kleinen Kalbs gefühlt hatten.

„Dann stellt euch vor, wie sich Jesus gefühlt haben muss, als er jede Schuld auf sich nahm, die jemals begangen worden ist und in Zukunft noch begangen wird. Wir können es uns genauso wenig vorstellen, wie wir uns die Zahl der Sterne vorstellen können. Es war dieses schreckliche Gefühl der Schuld, das ihn so sehr leiden ließ, und die Angst, dass sich sein Vater für immer von ihm abgewandt haben könnte. Denn er wusste besser als wir, wie sehr Gott die Sünde verabscheut."

„Aber er wusste doch, dass er wieder leben würde, oder?" beharrte Paula.

„Nein, in diesem Moment wusste er es nicht genau. Er musste es im Vertrauen glauben. Satan setzte ihm mit Zweifeln zu. Er fühlte sich wegen all dieser Sünden schuldig und wusste, dass Gott ihn verlassen hatte.

Wir alle müssen die Folge der Sünde, den Tod, bezahlen. Dieser ist wie ein vorübergehender Schlaf. Es wird nur für eine kurze Zeit dauern. Dann werden die, denen ihre Sünden vergeben worden sind, für immer leben und die, die sich entschieden haben, Gott nicht zu dienen, werden wieder sterben – den ewigen Tod, der eine Folge der Trennung von Gott durch die Sünde ist. Jesus verstand das alles. Darum litt er so, wie wir es uns nie vorstellen können, denn er musste spüren, wie er den ewigen Tod starb und seinen Vater vielleicht nie wieder sehen würde."

„Das ist schwer zu begreifen", bemerkte Paula.

„Ja, sogar die Engel im Himmel verstanden es nicht. Darum waren sie auch so verwundert über die Verzweiflung, mit der Jesus litt. Aber es ist wunderbar zu wissen, dass alles ein glückliches Ende für Jesus und seinen Vater nahm. Es kann für jeden von uns ein glückliches Ende sein, wenn man nur so klug ist und sich dafür entscheidet, nach Gottes Willen zu leben.

39.

DIE HEIMKEHR

Es war um drei Uhr am Freitagnachmittag, als Jesus laut rief: „Es ist vollbracht!" Dann senkte er mit gebrochenem Herzen den Kopf und starb.

Freunde kamen und entfernten vorsichtig die schrecklichen Nägel von seinen blutenden Händen und Füßen. Als sie ihn wegtrugen, weinten sie, und ihre Tränen fielen wie Regen auf den zerschundenen Körper. Vorsichtig legten sie ihn in das Grab und falteten seine Hände über dem leblosen Herzen. Dann gingen sie wie betäubt und von Sorge gedrückt weg und ließen ihn dort zurück.

Für Jesus waren nun die langen Stunden der Folter und des Leidens vorbei, und er ruhte friedlich. Bei der Erschaffung der Welt hatte er am Sabbat geruht, nachdem seine Arbeit beendet war. Genauso ruhte er auch jetzt am Sabbat im stillen Grab, nachdem er seine Arbeit beendet hatte und der Preis des Todes für die Menschen bezahlt worden war.

Während Jesus gefoltert worden war, hatten der Vater und die Engel mit ihm gelitten. Die Engel ahnten nicht, dass es so schrecklich werden würde. Sie waren über Satans gnadenlose Grausamkeit entsetzt. Ihre Lieder erstickten in den Kehlen, und nur ihr Schluchzen durchdrang die schwere Stille.

Aber im Himmel war jetzt ein besonderer Tag. Eine tiefe Freude erfüllte die Herzen der Engel, als sie Jesu Sieg über Satan feierten. Einen Sabbat wie diesen hatte es in der ganzen Geschichte des Universums nicht gegeben und wird es auch nie wieder geben. Den ganzen Tag, während Jesus friedlich in seinem Grab ruhte, sprachen die Engel über sein großartiges Opfer und staunten über die wunderbare Liebe Gottes. Sie waren gespannt, als sie darüber sprachen, wie die Geschichte der Erde sich von jetzt an ändern würde, denn nun würden die Menschen eine Chance bekommen, wieder zu leben. Jesus hatte den Preis des Todes für sie bezahlt und würde wieder auferweckt werden.

Nachdem der heilige Tag vorüber war, kam plötzlich Bewegung in die Ruhe des Himmels. Die anderen Engel sahen, wie Gott der Vater den obersten Engel in seine Gegenwart rief und ihm Anweisungen erteilte. Irgendetwas schien da vor sich zu gehen! Aufgeregt versammelten sie sich und beobachteten die Erde.

Einhundert römische Soldaten bewachten das Grab. Rundum war eine Gruppe himmlischer Engel, und dahinter lagerten sich die schrecklichen Heerscharen Satans. Sie warteten und beobachteten. Satan war fest entschlossen, Jesus im Grab gefangen zu halten.

Es war die Zeit der Dämmerung, kurz bevor der Sonntagmorgen anbrach. Da bahnte sich der mächtigste Engel des Himmels plötzlich wie ein Lichtblitz einen Weg durch die Dunkelheit zum Grab. Die bösen Heerscharen wichen vor ihm gleich schwarzen Schatten zurück, und die erschrockenen Soldaten fielen wie tot zu Boden. Die Erde bebte bei der Berührung seiner Füße.

Vor Angst erstarrt, beobachteten die Soldaten jede Bewegung. Sie sahen den Engel, der die gewaltige Steintür einfach wegrollte. Der Anführer der wachhabenden Engel betrat das Grab und löste die Grabtücher, mit denen Jesu Körper umwickelt war. Dann rief der oberste Engel: „Sohn Gottes, komm heraus! Dein Vater ruft dich!"

In diesem Augenblick trat Jesus heraus, strahlend von himmlischer Herrlichkeit. Die Augen der Soldaten waren voll Schrecken auf sein Gesicht gerichtet. Ja! Das war genau der Mann, den sie gekreuzigt hatten. Aber – wie anders sah er jetzt aus!

Bei seinem Anblick beugte sich die Schar der Engel in Anbetung tief vor ihm nieder. Dann brachen ihre Stimme in ein jubelndes Lied der Verehrung aus.

Der Gesang war verklungen, das helle Licht verschwunden. Wieder war der Platz in die stille Dunkelheit des frühen Morgens gehüllt. Es kam Bewegung in die Soldaten. Sie richteten sich auf und eilten, so schnell ihre zitternden Beine sie tragen konnten, in die Stadt. Ihre Gesichter waren blass und ihre Stimmen bebten, als sie jedem, den sie trafen, erzählten, was sie gesehen und gehört hatten.

In der Zwischenzeit waren einige Frauen in der Dunkelheit zum Grab gekommen. Maria Magdalena war zuerst dort. Sie sah, dass der Stein weggerollt worden war, und nahm an, dass jemand den Körper Jesu gestohlen hatte. Schnell eilte sie zu den Jüngern, um ihnen davon zu berichten.

Als die anderen Frauen das Grab erreichten, bemerkten sie ein sanft scheinendes Licht. Plötzlich sahen sie einen jungen Mann in weißen Kleidern neben dem Grab sitzen. Es war der Engel, der den Stein weggerollt hatte. Die Frauen fürchteten sich.

„Habt keine Angst!", sagte der Engel. „Ihr sucht Jesus, aber er ist nicht hier. Er ist auferstanden. Schaut hinein und seht selbst. Dann eilt schnell zurück und sagt es den Jüngern."

Sie schauten in das Grab. Jesu Körper war fort. Aber da saß ein zweiter Engel und der erzählte ihnen das Gleiche. „Erinnert ihr euch nicht", fügte er hinzu, „wie Jesus euch gesagt hat, dass dies alles geschehen müsse?"

Bei diesen Worten verwandelte sich ihre Traurigkeit in Freude, und sie eilten davon, um die gute Nachricht zu verbreiten. Aber niemand wollte ihnen glauben. „Das kann einfach nicht sein", sagten sie, und sie weinten und trauerten weiter, als ob Jesus immer noch tot wäre.

Nachdem die Frauen gegangen waren, kamen Petrus und Johannes zum Grab gerannt. Maria folgte ihnen. Er war wirklich fort!

Als Maria weinend in das Grab schaute, waren da wieder zwei Engel, die wie Männer in leuchtenden Kleidern aussahen. „Warum weinst du?", fragten sie.

„Weil sie meinen Herrn weggenommen haben!", schluchzte sie. „Ich weiß nicht, wo sie ihn hingelegt haben."

Draußen bemerkte sie einen anderen Mann. Sie nahm an, es sei der Gärtner, und sie fragte ihn nach Jesus. Da nannte er sie bei ihrem Namen: „Maria!" Sofort erkannte sie seine Stimme. Es war Jesus! Er stand lebendig vor ihr! Sie ging auf ihn zu, um ihn zu umarmen, aber er hob seine Hand, um sie aufzuhalten und zu beruhigen.

„Nicht jetzt", sagte er, „denn ich bin noch nicht weggegangen, um meinen Vater zu sehen. Aber sag den Jüngern, was du gesehen und gehört hast."

Was für ein Freudentag war das im Himmel, weil Jesus zurückkehrte! Aber unten auf der Erde erfüllte Traurigkeit die Herzen seiner Freunde, denn sie konnten denen nicht glauben, die gesagt hatten, dass er auferstanden sei.

Nachdem der Vater Jesus versichert hatte, dass sein Opfer den Preis für die Menschen bezahlt habe, und sie über zukünftige Pläne gesprochen hatten, kehrte Jesus auf die Erde zurück. An jenem Abend erschien er einigen seiner Freunde. Zuerst fürchteten sie sich, aber er zeigte ihnen die Narben der Nägel in seinen Händen als Beweis, dass er es wirklich war. Als er mit seinem unsterblichen Körper auferstand, behielt er die Narben als Erinnerung für das ganze Universum; als Zeichen dafür, wie sehr er seine geschaffenen Kinder liebt.

Satan raste vor Zorn, als er und seine Scharen vor dem Engel fliehen mussten, der zum Grab heruntergekommen war, um Jesus zu rufen. Jesus hatte Satan in jeder Hinsicht widerstanden, wie verzweifelt der Teufel auch gegen ihn gearbeitet hatte. Jetzt blieb diesem nichts anderes mehr übrig, als noch härter zu arbeiten, um Schwierigkeiten zu bereiten und so viele Menschen wie möglich ins Verderben zu stürzen. Mit jedem Tag, der vergeht, wird er wütender, denn er weiß, dass seine Zeit abläuft und jede Minute zählt.

Von da an konnte Satan nicht mehr zu den Toren des Himmels gehen, um mit den Engeln zu reden, denn sie würden nicht mehr auf ihn hören. Er war ihr geliebter Anführer Luzifer gewesen, und seine Nachfolger waren im Himmel ihre lieben Freunde. Jetzt aber erkannten sie, wie er tief in seinem Herzen wirklich war – ein Betrüger und ein Mörder, der sogar seinen eigenen Gott und Schöpfer quälte und tötete.

Was für eine Veränderung! Wunderschöne, leuchtende Engel waren jetzt zu hasserfüllten Feinden geworden! Für immer und ewig war es den Engeln und den Menschen auf den anderen Welten klar. Jetzt sahen sie ohne Zweifel, dass Gott Recht hatte und Luzifer falsch lag.

Es war ein wenig mehr als ein Monat, seit Jesus aus dem Grab stieg. Eines Tages ging er mit seinen Jüngern spazieren. Verwundert blickten die Leute auf die glückliche Schar, die da an ihnen vorbeizog, denn nur einige Wochen zuvor war Jesus gekreuzigt worden. Als sie langsam dahinschlenderten, lehrte er sie und beantwortete ihre Fragen. Sie gingen am Garten Gethsemane vorüber und erinnerten sich an seine Nacht des Leidens. Dann wanderten sie auf den Ölberg hinauf.

Als sie dort oben standen und miteinander redeten, geschah etwas Sonderbares. Langsam begann sich Jesus von der Erde zu entfernen. Seine Hände waren ausgestreckt, um sie zu segnen, und sie blickten ihm in sprachlosem Erstaunen nach. Eine wartende Wolke von leuchtenden Engeln verbarg ihn vor ihren Augen. Als er in der Wolke verschwand, drangen seine letzten Worte an ihre Ohren: „Denkt daran, ich bin immer bei euch, bis ans Ende der Welt." Dann hörte man den Klang süßer Musik, als die Wolke aus ihrem Blickfeld verschwand.

Die Jünger standen da und starrten hingerissen nach oben. Plötzlich wurden sie von Stimmen neben ihnen überrascht. Da standen zwei Männer in leuchtend weißen Kleidern. „Dieser selbe Jesus wird wieder kommen", sagten sie. „in derselben Weise, wie ihr ihn in den Himmel habt gehen sehen." Dann entschwanden sie, um die aufsteigende Wolke einzuholen.

Bei Jesu Tod hatte ein Erdbeben eine Menge Gräber geöffnet. Diese Menschen waren auferweckt worden, um mit Jesus zu leben. Das waren Menschen, die um seinetwillen ungewöhnliche Grausamkeiten erlitten hatten. Er nahm sie mit sich, als eine Art Vorhut für die, die von den Toten auferweckt werden würden.

Als sie hinaufstiegen, führte Jesus den Zug an, gefolgt von der auferweckten Menge. Die begleitenden Engel umringten sie voller Freude. Sie lobten Gott und sangen den ganzen Weg über frohe Lieder. Dann erreichten sie die himmlische Stadt. Die begleitenden Engel riefen:

„Machet die Tore weit und die Türen in der Welt hoch, dass der König der Ehre einziehe!"

Zurück kam die schallende Frage: „Aber wer ist der König der Ehre?"

Wieder kam die gesungene Antwort: „Es ist der Herr, stark und mächtig, der Herr, mächtig im Streit."

So sangen sie hin und her wie in einem Freudentaumel – die Engel, die mit Jesus in den Himmel hinaufgekommen waren, und die, die warteten, um sie willkommen zu heißen. Sie kamen zu den Toren, die sich weit öffneten. Unter den Klängen der Willkommensmusik der Menge, die im Inneren wartete, traten sie ein.

Da war der herrlich leuchtende Thron, vom Regenbogen umgeben. Eine unzählbare Schar himmlischer Engel und Vertreter anderer Welten waren versammelt, um den Sohn zurück im Himmel zu begrüßen.

Sie waren begierig darauf, ihn als König zu feiern und zu krönen, aber er hob seine Hand, um sie zurückzuhalten. Er sagte, dass die Zeit dafür noch nicht gekommen sei.

Die Musik verstummte als Jesus den Thron des Vaters erreichte. Er zeigte auf die Gruppe der erlösten Menschen, die er von der Erde mitgenommen hatte. Die Versammlung hörte, wie er seinen Vater fragte, ob sein Opfer genug gewesen sei, um den Preis für alle ihre Sünden zu bezahlen. „Wenn ich genug dafür bezahlt habe, Vater", bat er, „dann möchte ich, dass sie dort sind, wo ich bin."

Niemand wagte zu atmen. Jedes Ohr war weit offen, um zu hören, was der Vater sagen würde. Was würde er antworten?

Ein Augenblick ehrfürchtiger Stille folgte. Dann war die Stimme des Vaters zu hören. „Das Opfer ist ausreichend!", verkündete er. „Die Bitte ist gewährt!"

Was für eine Freude brach unter der Menge aus, als sie diese Worte hörte! Jeder, der sich entschied, Jesu Tod für seine Sünden zu akzeptieren, konnte nun zur Familie Gottes gehören.

Wieder legte sich Schweigen über die Versammlung. Alle Augen waren auf den Thron gerichtet. Sie sahen, wie der Vater seine Hände ausstreckte und, als Jesus zu ihm trat, die Arme liebevoll um seinen geliebten Sohn legte.

Alle Engeln beugten sich gemeinsam vor Gott dem Sohn, um ihn an-zubeten. Dann begann die fröhliche Feier. Die Trompeten, die Harfen, die frohen Lieder – alle vereinten sich in Anbetung, bis es schien, als würde der Himmel vor herrlicher Musik übergehen. Oh, was für ein wunderschöner Tag! Es war der glücklichste Tag, den das Universum jemals gesehen hatte, denn Gott der Sohn war wieder zu Hause und hatte seinen Auftrag erfüllt.

Die Augen der Kinder leuchteten, als die Geschichte zu Ende war.

„Oh, wie wunderschön! Wie wunderschön!", murmelte Paula.

„Es ist alles für euch und für mich geschehen, wenn wir uns dafür entscheiden", erinnerte sie Tante Traude.

Sie sprachen mit leisen Stimmen, denn es schien, als wäre ein Stück Himmel zu ihnen gekommen und hätte sie eingehüllt.

„Denn also hat Gott die Welt geliebt", begann Paula, und sie alle wiederholten es leise, „dass er seinen einzigen Sohn gab, damit alle, die an ihn glauben, nicht verloren gehen, sondern das ewige Leben haben."

40.

DIE GESCHICHTE ENDET

Als die Kinder eines Tages von der Schule nach Hause kamen, sahen sie, dass Tante Traude ihre Sachen packte.

„Oh, Tante Traude!", riefen sie bestürzt. „Du verlässt uns doch nicht!"

Tante Traudes Gesicht strahlte. „Kommt mit mir", sagte sie. „Ich habe eine wunderschöne Überraschung für euch."

Sie führte sie zu Vaters Zimmer. Da saß der Vater in seinem Sessel.

„Oh, Papa", riefen sie. „Du bist wieder gesund!"

Ach, was war das für eine Freude! Die glückliche Überraschung war größer als die schlimme Nachricht von Tante Traudes Abreise.

Als es Zeit war, ins Bett zu gehen, saßen sie zusammen, um die letzte Geschichte zu hören. Paula sagte, sie wünschte sich, Cindy und Jean hätten das alles hören können; dann würden sie den Tod ihrer Mama besser verstehen.

„Warum erzählst du ihnen die Geschichte nicht, Paula?", schlug Tante Traude vor. „Das ist eine andere wunderbare Sache. Nicht nur, dass man sich die Geschichte besser merkt, wenn man sie immer wieder hört. Wenn man sie selber erzählt, bedeutet sie einem noch mehr."

Ein erfreuter Ausdruck kam über Paulas Gesicht. „Ich werde sie ihnen erzählen. Das ist eine Möglichkeit, wie ich ihnen helfen kann, wieder glücklicher zu werden. Ich werde sie auch Linda erzählen. Dann wird sie verstehen, warum sie vielleicht nie wieder gehen wird. Ich werde ihnen sagen, dass Jesus eines Tages der Geschichtenerzähler sein wird, und wir werden alle sitzen und ihm zuhören, wenn er uns erklärt, warum er zugelassen hat, dass uns Satan manche Dinge angetan hat."

„Wie wirst du den Grund dafür erklären?", fragte Tante Traude.

„Ich werde sagen, dass Gott zulässt, dass uns Satan prüft, um zu sehen, ob wir uns für Gott entscheiden. Außerdem werde ich sagen, dass die Engel und die anderen Welten beobachten, wer den Kampf gewinnen wird. Sie beobachten, um zu sehen, wie gemein und grausam Satan ist, obwohl er versprochen hat, die Dinge besser zu machen als Gott. Es zeigt, was jedem passiert, der sich entscheidet, die Regeln Gottes zu brechen."

Tante Traude war sehr erfreut. „Ich bin mir sicher, Paula, dass du die Geschichte gut erzählen wirst. Du weißt, dass ich darauf warte, dass Gott mir auch einige Dinge erklärt."

Paula und Tante Traude lächelten sich geheimnisvoll an. Tante Traude meinte, dass Gott ihr einmal erklären werde, warum der schreckliche Unfall passiert ist, der ihr die beiden Kinder und ihren Mann weggenommen und sie allein zurückgelassen hat.

„Es gibt ein paar Dinge, an die ich euch noch einmal erinnern möchte, bevor ich heimfahre", sagte sie. „All die Tausende von Jahren, bevor Gott der Sohn auf diese Welt kam, tat Luzifer vielen seiner früheren Engelfreunde ein wenig leid. Manche von ihnen waren sich nicht sicher, ob Gott nicht doch ein bisschen zu hart mit ihm verfahren ist. Aber als sie sahen, wie Satan Gott den Sohn quälte und tötete, war es ihnen klar. Da wussten sie ganz sicher, dass Luzifer falsch lag und Gott Recht hatte.

Es war Adam, der wegen seiner Sünde sterben sollte, doch Jesus starb an seiner Stelle. Mit seinem Tod am Kreuz bezahlte er den Preis der Sünde für die ganze Menschheit. Jesus brach keine Regeln, als er Mensch war, weil er ständig mit Gott dem Vater in Verbindung stand und ihm vertraute. Somit bewies er, dass es möglich ist, die

Regeln zu befolgen. Trotzdem nahm er die Strafe auf sich. Auf diese Weise nahm er Adams Platz ein und eroberte die Welt aus der Hand des Teufels zurück. Jetzt ist es wirklich wieder Gottes Welt, nicht die von Satan. Satan weiß das natürlich, und er tötet so viele Leute und macht so viele Probleme wie möglich, denn das ist die einzige Chance, die er sieht, um zu versuchen, so mächtig wie Gott zu sein. Er ist rasend vor Zorn und sagt: „Also gut, Gott. Ich weiß, dass du mich bald vernichten wirst. Aber ich werde versuchen, so viele Menschen wie möglich mit mir in den Untergang zu reißen." Er arbeitet verbittert an seinem Plan!

Wenn der große Kampf vorbei ist, wird alles Böse und Traurige weg sein, und Gott wird die Erde wieder neu machen. Die Dinge werden wieder so sein, wie sie am Anfang waren. Gott sagt, dass nie, nie wieder irgendjemand ihm misstrauen und die Regeln brechen wird."

„Woher weiß Gott das?", fragte Lucas. „Luzifer hat die Regeln gebrochen. Vielleicht wird wieder einmal jemand das tun."

„Als Luzifer die Regeln brach, geschah so etwas zum ersten Mal. Niemand wusste, was dabei herauskommen würde. Darum hat Gott es auch nicht gleich gestoppt – damit jeder das Ergebnis kennenlernt. Alle Menschen und alle Engel wissen jetzt, wie schrecklich die Dinge sind, wenn Gebote übertreten werden, und niemand wird jemals wieder Probleme bereiten wollen. Nur eine einzige Sache wird als Souvenir an diese schreckliche Zeit zurückbleiben."

„Ich weiß, was ein Souvenir ist!", rief Lucas aus. „Es ist ein Andenken, das dich an etwas erinnern soll."

„Das ist eine gute Erklärung, Lucas. Für immer und ewig werden die Nägelwunden an Jesu Händen und Füßen ein Andenken sein, das uns daran erinnern soll, wie sehr er uns liebt."

Tante Traude nahm die Bibel. „Diese ganze Geschichte könnt ihr in diesem Buch nachlesen. Außerdem findet ihr hier drinnen auch eine Einladung, die euch helfen soll, den Kampf zu kämpfen. Gott hat eine Einladung geschrieben, so wie euch Großvater letzten Sommer eine geschrieben hat. Er braucht Hilfe."

„Warum braucht Gott Hilfe, wenn er alles tun kann?", fragte Paula.

„Es ist schwer zu glauben, aber es gibt einige Dinge, die Gott nicht tun kann. Erinnert ihr euch, dass Satan gesagt hat, dass Gottes Gebote zu schwer seien, als dass Menschen ihnen gehorchen könnten. Also können nur die Menschen beweisen, dass Satan falsch liegt, indem sie Gott vertrauen und seine Regeln beachten. Gott wird ihnen helfen, aber er kann die Sache nicht alleine machen, solange die Menschen nicht einwilligen, mit ihm in diesem Kampf zusammenzuarbeiten.

Es ist, als würde sich Gott aus dem Himmel lehnen, auf dich herunterschauen, dir seine Hand entgegenstrecken und sagen „Mein lieber Sohn, meine liebe Tochter, ich brauche deine Hilfe! Willst du dich nicht für meine Seite entscheiden und mir helfen?"

Auch du musst dich entscheiden: Willst du Satan oder Gott gehören?

Grundlage für dieses Buch
sind folgende Bücher der Bibel und literarische Werke:

1. Mose
Hiob
Hesekiel 28
Jesaja 14
Daniel 7
Offenbarung

Seventh-day Adventist Bible Commentary, p. 1081, 1082. Washington, D.C.: Review and Herald Publishing Association, 1953.

White, Ellen G., Early Writings. Washington, D.C.: Review and Herald Publishing Association, 1882, Frühe Schriften und geistliche Gaben, S. 29–31. Wien: Top Life Wegweiser-Verlag 2008.

_____, Patriarchs and Prophets. Mountain View, California: Pacific Press Publishing Association, 1890 and 1913, Patriarchen und Propheten, S. 12–19, 39, 40, 51, 75, 76, 456, 457. Wien: Top Life Wegweiser-Verlag 2010, Zürich: Adventverlag Krattigen 2010.

_____, Spiritual Gifts, Vol. 1. Washington, D.C.: Review and Herald Publishing Association, 1858 and 1945, Frühe Schriften und geistliche Gaben, S. 130–139. Wien: Top Life Wegweiser-Verlag 2008.

_____, The Desire of Ages. Mountain View, California: Pacific Press Publishing Association, 1898 and 1940. Der Eine – Jesus Christus, S. 68–70; 682–691, 744–794, 836–839. Wien: Top Life Wegweiser-Verlag 2010, Zürich: Adventverlag Krattigen 2010.

_____, The Great Controversy. Mountain View, California: Pacific Press Publishing Association, 1898 and 1940, Der große Kampf, S. 498–500. Wien: Top Life Wegweiser-Verlag 2010, Zürich: Adventverlag Krattigen 2010.

_____, The Spirit of Prophecy, Vol I, p. 17–32, 41, 45, 48, 58. Battle Creek, Michigan: Seventh-day Adventist Publishing Association, 1870.

June Strong
Das Lied von Eden

Ein Lied, das Eva nach dem Verlassen des Paradieses niedergeschrieben hat, führt Shaina durch ihr bewegtes Leben. Trotz großer Enttäuschungen bewahrt findet sie immer wieder ihren Frieden und lässt sie hoffen. Im „Das Lied von Eden" schildert June Strong die leidvolle Wahl, die manch einer treffen muss – die Wahl zwischen der Liebe unter Menschen und der Möglichkeit, die Liebe Gottes besser kennenzulernen.
Das Lied von Eden ist ein ergreifendes Buch, das Ereignisse zwischen Eden (nach dem Sündenfall) und Sintflut dem Leser nahe bringt. Die Dramatik des biblischen Wortes, aber auch die Hoffnung in einer untergehenden Welt wird eindrücklich dargestellt.

Format: 11 x 18 cm
Umfang: 168 Seiten
Auch als mp3-Hörbuch erhältlich.

Charles Mills, Linda Koh
Gott liebt mich – 28 Wege

Gott liebt mich – 28 Wege, hilft Kindern die Glaubensgrundsätze der Siebenten-Tags-Adventisten kennen zu lernen und zu verstehen.
Anhand von Beispielen aus dem täglichen Leben wird den Kindern eine Brücke zwischen Theorie und Praxis gebaut, die helfen soll, ihren kindlichen Glauben zu entwickeln und zu festigen.

Format: 25,5 x 22,7 cm
Umfang: 80 Seiten

Zu beziehen: Top Life Wegweiser-Verlag, A-1210 Wien, Prager Straße 287
www.toplife-center.com   info@toplife-center.com